Häkeln
einfach tierisch gut

von Helga Elsner

ALS-Hobby-Kurs 630

Impressum

© Copyright 1991 by ALS-Verlag GmbH, Frankfurt/Main.
Alle Rechte, auch die des auszugsweisen Nachdrucks,
der fotomechanischen Wiedergabe und der Übersetzung
vorbehalten.

Herausgeber: I. Kreide, Frankfurt
Idee und Gesamtkonzept: Helga Elsner, Weingarten
Photos: Atelier Pfeil, Weingarten
Graphik: Christel Claudius, Hamburg.
Satz: SatzKontor, Rodgau.
Druck: ALS-Verlag GmbH, Dietzenbach.
Bestell-Nr. 25.630.
ISBN-Nr. 3-89135-006-6

CIP-Titelaufnahme der Deutschen Bibliothek
Häkeln, einfach tierisch gut/von Helga Elsner. –
Frankfurt/Main: ALS-Verl., 1991
    (ALS-Hobby-Kurs; 630)
    ISBN 3-89135-006-6
NE: GT

**ALS-Verlag GmbH
Postfach 1440
63114 Dietzenbach**

Inhalt

Vorwort

Einleitung

Häkeln ist kinderleicht und macht Spaß. Deshalb häkeln schon Grundschüler mit großer Begeisterung.

Aber außer Topflappen und Puppenkleidung fällt den meisten nichts „Kleines" mehr ein, das jung und alt faszinieren könnte.

Im Rahmen eines Seminars an der Pädagogischen Hochschule Weingarten haben wir uns deshalb kleine pfiffige, begeisternde Sachen ausgedacht und ausprobiert, mit denen Häkel-Anfänger rasch Erfolgserlebnisse haben, so daß sie „spielend" des Häkeln lernen, üben und somit in diesem traditionellen Werkverfahren Sicherheit erlangen, damit sie sich später auch an schwierigere Häkelarbeiten heranwagen können.

Die Mitarbeiterinnen dieses Buches sind die Studentinnen
Karin Beer
Kerstin Butz
Marie-Luise Emeljanow
Elvira Fröhlich
Birgit Gütler
Erika Ostermann
Anja Pelzl
Simone Reisacher
Elke Schnell
Monika Schumann
Anja Schuster
und meine 12jährige Tochter Kathrin.

Die Zeichnungen stammen von den Studenten
Karin Bauer
Winfried Ettwein.

Wir alle wünschen Ihnen viel Freude an diesem Buch und viel Spaß beim Häkeln!

Ihre

Helga Elsner

Häkeln ist ein faszinierendes Werkverfahren; man braucht nur ein paar Wollreste, eine passende Häkelnadel, ein paar Grundkenntnisse – und schon kann's losgehen.

Ja . . . und dann braucht man natürlich noch ein paar gute Ideen, um auch als Häkel-Anfänger pfiffige Sachen anfertigen zu können. Dieses Buch ist voll davon!

Die meisten Vorschläge sind kinderleicht, denn wir haben dieses Buch vor allem für Kinder und Erwachsene gemacht, die gerade dabei sind, Häkeln zu lernen. Aber auch Könnern machen diese originellen, rasch hergestellten Sachen sicher viel Spaß.

Und wenn Sie entdecken, wie gut alles klappt, können Sie sich auch an die etwas schwierigeren Sachen heranwagen, denn wirklich schwierig ist nichts in diesem Buch, und alles ist genau beschrieben.

In dem zum Hobby-Kurs gehörenden Schnittmusterbogen haben wir die Schnitte in Originalgröße abgebildet; so können Sie Ihre Arbeit immer wieder mit dem Schnitt vergleichen.

Wenn Sie's ein bißchen kleiner haben wollen, nehmen Sie am besten dünneres Garn und eine dementsprechende Häkelnadel; dann können Sie sich trotzdem genau an die Arbeitsanleitung halten.

Aller Anfang ist leicht

Häkelnadel und Häkelgarn müssen in der Stärke zusammenpassen.

Nur unter dieser Voraussetzung kann die Häkelarbeit gleichmäßig und dicht werden. Wählt man dagegen für ein dickes Garn eine dünne Häkelnadel, kann die Häkelnadel den Faden meist nicht ganz erfassen, und es ergibt sich ein ungleichmäßiges, sehr festes Maschenbild. Nimmt man für ein dünnes Garn eine dicke Häkelnadel, wird die Häkelarbeit sehr locker, eventuell sogar löcherig.

Aber wie erkennt man, ob Garn- und Nadelstärke zusammenpassen?

Nun, die Häkelnadeln sind nach ihrer Stärke numeriert; je höher die Zahl, desto größer ist ihr Durchmesser – desto dicker ist also die Nadel.

Auf der Banderole des Garns befindet sich u. a. auch dieses Zeichen

 3,5–4

Das bedeutet: Zum Häkeln empfiehlt der Garnhersteller eine Häkelnadel Nr. 3½ oder 4.

Ja, aber warum empfiehlt er zwei Nadelstärken?

Nun, das ist ganz einfach: So wie jeder von uns eine andere Schrift hat, so häkeln wir auch unterschiedlich – der eine fester, der andere lockerer. Da man als Anfänger meistens fest häkelt, sollte jeder zunächst eine etwas dickere Häkelnadel verwenden (eine halbe bis eine Nummer stärker als vom Garnhersteller angegeben).

Häkelgarn sollte sich beim Häkeln leicht durch die Schlingen ziehen lassen und sich nicht teilen; deshalb sind vor allem für Häkelanfänger alle glatten, gut gedrehten Garne aus Baumwolle, Wolle oder Fasermischungen empfehlenswert.

Zeichenerklärung:

- ⊙ Luftmasche
- ☐ feste Masche
- ☐ halbes Stäbchen
- ☐ Stäbchen
- Ⓚ Kettmasche
- ⩍ Schlingenmasche
- ⧄ Krebsstich

Die Anfangsschlinge

Man beginnt jede Häkel- und Strickarbeit mit der Anfangsschlinge. Die ist ganz einfach, denn sie wird wie ein einfacher Knoten gemacht – nur wird der lange Teil des Fadens, der zum Knäuel führt, nicht durchgezogen.

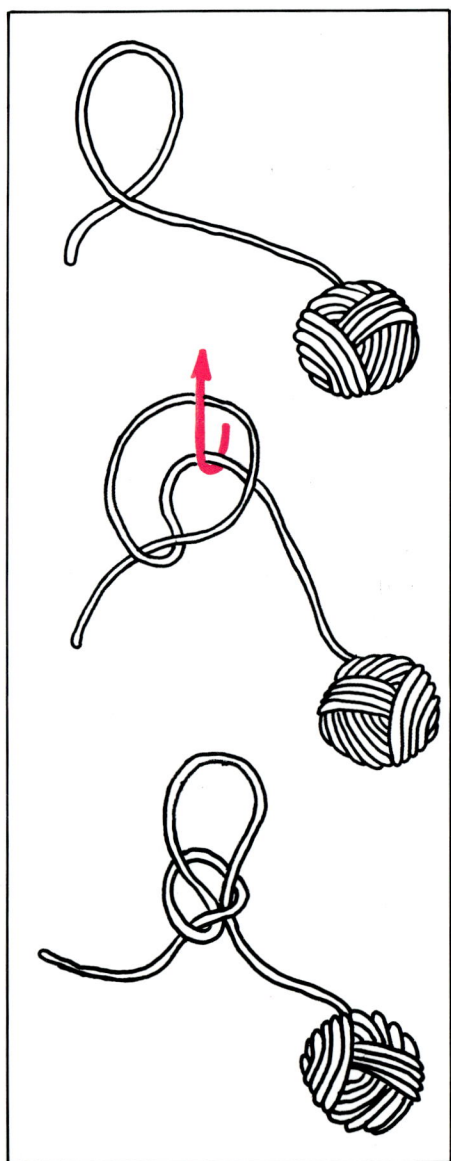

Zieht man jetzt gleichzeitig an der Schlinge und am Fadenende, wird die Schlinge durch einen Knoten festgehalten – fertig ist die Anfangsschlinge.

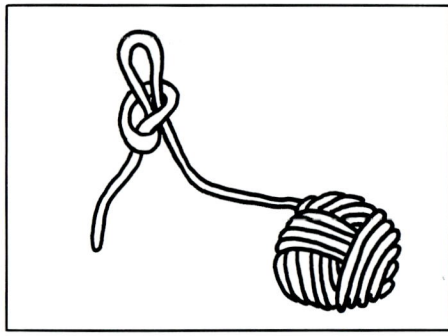

Zieht man jedoch am langen Faden, der zum Knäuel führt, löst sich alles wieder auf. Kinder nennen die Anfangsschlinge deshalb auch „Zauberknoten".

Fadenspannung

Das Garn läuft durch die Finger der linken Hand zur Häkelnadel in der rechten Hand (bei Linkshändern ist es natürlich umgekehrt).

Es gibt verschiedene Möglichkeiten, die linke Hand so einzufädeln, daß der Faden richtig läuft, z. B. so:

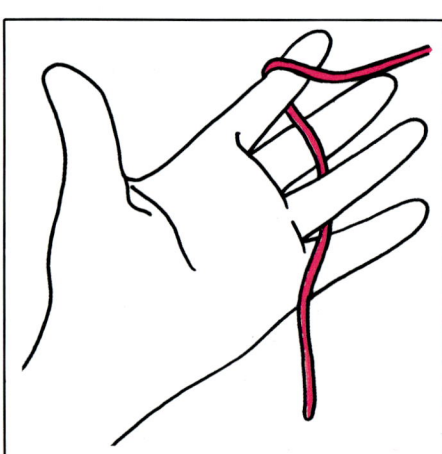

Da Kinder bei ihren ersten Häkelversuchen leicht schwitzen, sollten sie den Faden außen laufen lassen, z. B. so:

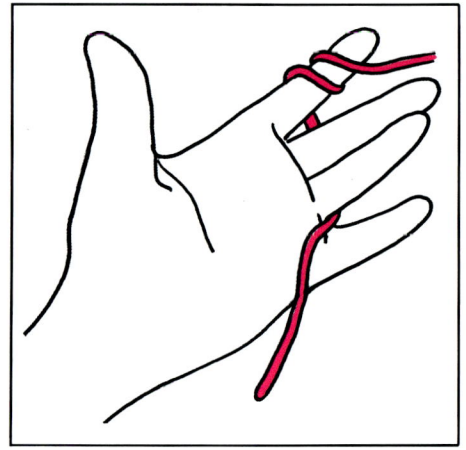

Achten Sie doch mal bei Ihren Bekannten darauf, wie diese beim Häkeln oder Stricken ihre Hand, die den Faden führt, einfädeln – richtig ist es immer dann, wenn das Garn mit geringer Spannung leicht läuft, damit die Maschen gleichmäßig werden.

Nadelhaltung

Man kann die Häkelnadel wie einen Bleistift halten; für Anfänger ist es jedoch leichter, wenn sie die Häkelnadel locker mit der ganzen Hand umfassen.

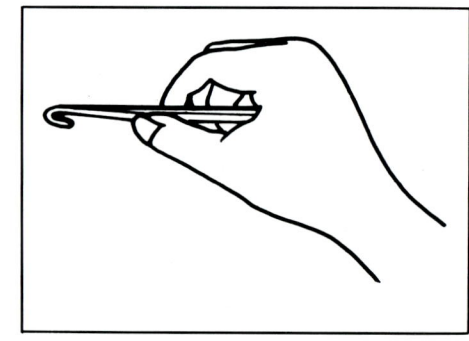

Luftmaschen

Ist der Faden über die Finger der linken Hand gefädelt, die Anfangsschlinge auf der Nadel und leicht strammgezogen, so daß sie die Häkelnadel umschließt?
Dann kann's losgehen:
Sie halten mit dem Daumen und Mittelfinger der linken Hand die Anfangsschlinge fest, der Zeigefinger hält den Faden stramm – und nun führen Sie die Häkelnadel mit der rechten Hand von unten hinter dem Faden hindurch und ziehen ihn durch die Schlinge.

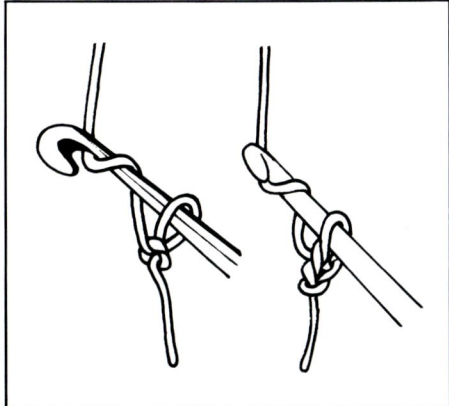

Schon ist die erste Luftmasche fertig. Gleich noch einmal!
Beim Durchziehen des Fadens durch die Schlinge sollte das Häkchen der Häkelnadel immer nach unten zeigen, damit der Faden nicht abrutscht.
Klappt's?
Dann versuchen Sie doch mal, eine Kette aus mehreren Luftmaschen zu häkeln.
Dabei sollten Sie nach zwei bis fünf Luftmaschen nachgreifen, d. h. mit dem Daumen und Mittelfinger der linken Hand wieder die Masche festhalten, die der Häkelnadel am nächsten liegt.
Beim Abzählen der Luftmaschen zählt die Schlinge, die auf der Häkelnadel liegt, nicht mit.
Luftmaschen sind das Grundgerüst für jede Häkelarbeit.

Man kann aber auch nur aus Luftmaschenketten die vielfältigsten Sachen anfertigen. Auf den Seiten 12 – 17 können Sie ein paar originelle Vorschläge kennenlernen.

Die letzte Masche

Die letzte Masche – egal ob Luftmasche, feste Masche oder Stäbchen, muß befestigt werden, damit die Häkelarbeit nicht wieder aufgezogen werden kann:
Schneiden Sie das Garn ca. 10 cm hinter der letzten Masche ab, ziehen Sie dieses Garnende mit der Häkelnadel durch die letzte Masche und ziehen Sie den Faden fest an – fertig.

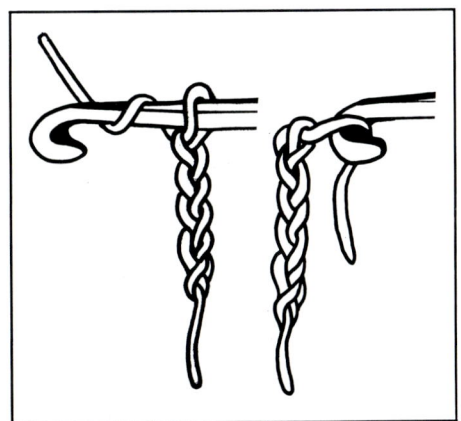

Feste Maschen

▶ Luftmaschenkette in der gewünschten Länge zuzüglich einer Luftmasche zum Wenden häkeln.

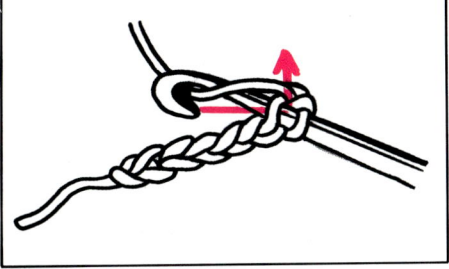

▶ Häkelnadel in das obere Maschenglied der vorletzten Luftmasche einstechen,
▶ Faden holen,
▶ durchziehen (nun befinden sich zwei Schlingen auf der Nadel);
▶ erneut Faden holen

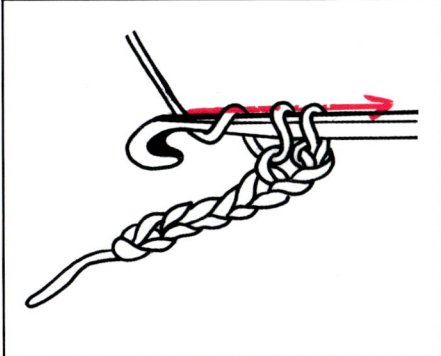

▶ und diesen durch die beiden Schlingen ziehen (eine Schlinge bleibt auf der Nadel)
fertig ist die erste feste Masche.

▶ Die nächste feste Masche in die nächste Luftmasche häkeln – und so weiter bis zum Reihenende.

Wendeluftmaschen

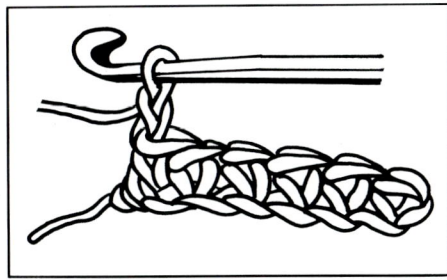

▶ Am Ende jeder Reihe eine Luftmasche zum Wenden (Wendeluftmasche) häkeln;
▶ wenden;

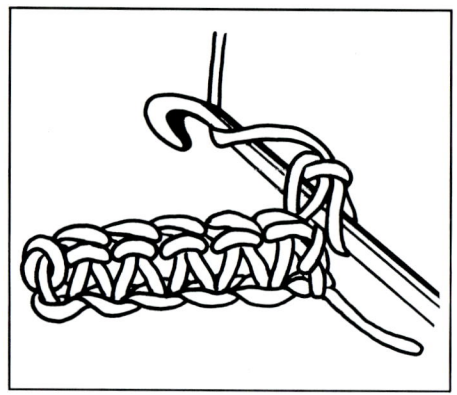

▶ am Anfang der neuen Reihe stets in die erste feste Masche der Vorreihe einstechen. So bekommen Sie schöne gerade Kanten.

Grundsätzlich gilt:
Wenn Sie eine Fläche häkeln möchten, müssen Sie am Ende jeder Reihe zusätzlich Luftmaschen = Wendeluftmaschen häkeln, um auch an den beiden seitlichen Kanten die Höhe der nächsten Reihe zu erhalten.
Die Anzahl der Wendeluftmaschen hängt vom Muster bzw. von der Maschenhöhe der folgenden Reihe ab.
Feste Maschen: 1 Wendeluftmasche
Einstich in die erste Masche der Vorreihe
Halbe Stäbchen und Stäbchen:
2 Wendeluftmaschen
Einstich in die erste Masche der Vorreihe.

Immer rund herum

Sie können die Luftmaschenkette aber auch zum Ring schließen. Das ist besonders für alles, was eine runde Form erhalten soll, sehr geschickt.
Bitte achten Sie darauf, daß die Luftmaschenkette sich vor dem Schließen nicht verdreht!

▶ Häkelnadel in das obere Maschenglied der erste Luftmasche einstechen
▶ Faden holen und durchziehen

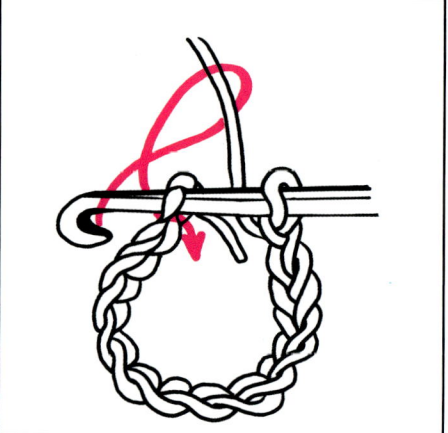

▶ erneut Faden holen und diesen durch die beiden Schlingen ziehen.
Somit ist die Luftmaschenkette mit einer festen Masche zum Ring geschlossen; nun können Sie endlos feste Maschen häkeln, ohne auf eine gerade Kante achten zu müssen.
Außerdem entfällt das Zusammennähen oder -häkeln.
Alle Arbeiten auf den Seiten 18 bis 24 wurden rund gehäkelt.

Und so geht's weiter:

Nach Beendigung der ersten Reihe (Runde) können Sie
▶ bei jeder weiteren Reihe (Runde) entweder jeweils in das obere Maschenglied der Vorreihe einstechen, dann entstehen Querrippen = „Rippenmuster";

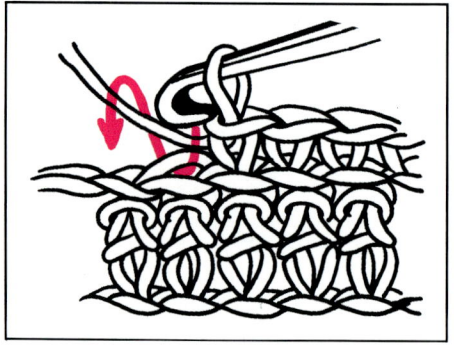

▶ oder Sie stechen in die beiden oberen Maschenglieder ein, dann entsteht eine sehr dichte, feste Häkelarbeit im „Rosenmuster".

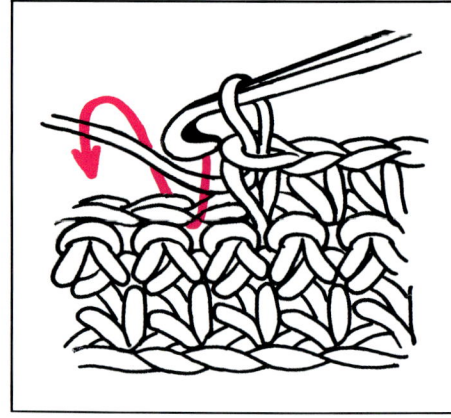

Das Zunehmen und Abnehmen

Die verschiedenen Möglichkeiten des Zu- und Abnehmens sind grundsätzlich bei allen Maschenarten gleich.

1 Masche zunehmen:
▶ In eine Masche oder Vorreihe (innen oder am Rand) zwei Maschen häkeln.

2 Maschen zunehmen:
▶ In zwei nebeneinanderliegende Maschen
▶ oder in zwei beliebige Maschen
▶ oder in die beiden Randmaschen der Vorreihe jeweils zwei Maschen häkeln.

Mehrere Maschen an einer Kante zunehmen:
▶ Am Ende der Reihe so viele Luftmaschen häkeln, wie Maschen zugenommen werden sollen;
▶ Wendeluftmasche häkeln;
▶ wenden;
▶ die 1. Masche der neuen Reihe wie gewohnt in die 2. Luftmasche häkeln;
▶ nun geht es im gewünschten Muster weiter (s. z. B. Zeichnung Schäfchen).

Eine Masche abnehmen:

▶ Die einfachste Möglichkeit: Eine Masche der Vorreihe vor der Kante oder innen überspringen.
Aber: An dieser Stelle entsteht ein kleines Loch.
Nie die letzte Masche einer Reihe auslassen, sonst entsteht eine kleine Stufe.

▶ Die perfekteste Möglichkeit: Eine Masche zur Hälfte häkeln – es befinden sich 2 Schlingen auf der Nadel; nun die nächste Masche ebensoweit häkeln – es befinden sich 3 Schlingen auf der Nadel; erneut Faden holen und diesen durch alle 3 Schlingen ziehen.

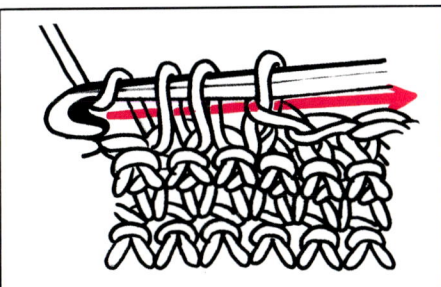

Der Farbwechsel

Unabhängig vom Muster und unabhängig davon, ob Sie innerhalb einer Reihe oder am Reihenende die Farbe wechseln wollen – der Farbwechsel ist immer gleich:

▶ Häkeln Sie die Masche in der ersten Farbe fast fertig – der letzte Faden für die Masche muß dann jedoch in der neuen Farbe geholt und durchgezogen werden.

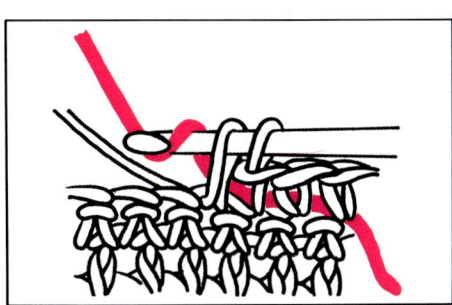

Das Vernähen der Fadenenden

Vernähen Sie jedes Fadenende mit einer Sticknadel ohne Spitze möglichst unsichtbar auf der Rückseite der Häkelarbeit.

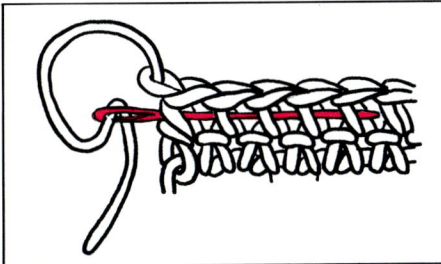

Das Einhäkeln von Perlen

Vorarbeiten

▶ Garnanfang mit Klebstoff zu einer festen Spitze formen und trocknen lassen.
▶ Perlen in der gewünschten Reihenfolge auffädeln. Fädeln Sie vorsorglich mehr Perlen auf, als Sie voraussichtlich benötigen.
▶ Den Luftmaschenanschlag wie gewohnt am Fadenanfang beginnen, dabei die Perlen zum Wollknäuel hin weiterschieben und nach Bedarf wie im folgenden beschrieben einhäkeln:

Perlen-Luftmasche

▶ Eine Perle bis an die zuletzt gehäkelte Luftmasche schieben;
▶ Faden hinter der Perle holen und Luftmasche wie gewohnt häkeln.

Perlenmasche (feste Masche)

▶ Eine Perle bis an die zuletzt gehäkelte Masche schieben;
▶ Häkelnadel in die Masche der Vorreihe einstechen – Faden hinter der Perle holen und durchziehen;
▶ erneut Faden holen und durch die beiden Schlingen auf der Nadel ziehen.
▶ Da die Perlen immer auf derselben Seite erscheinen sollen, werden in den Hinreihen feste Maschen, in den Rückreihen Perlenmaschen gehäkelt.

▶ Bei festen Maschen als Grundmuster sind die Perlen stets schräggestellt, bei halben Stäbchen als Grundmuster bleiben die Perlen gerade.
▶ Selbstverständlich können Sie für eine Perlen-Luftmasche bzw. für eine Perlenmasche auch mehr als eine Perle verwenden.

Das Schlingenhäkeln

Die Schlingenmasche besteht aus einer festen Masche, in die vor dem ersten Durchziehen des Fadens eine Schlinge gelegt wird.

Die einfachste Methode ist das Häkeln über den Mittelfinger der Hand, die den Faden führt:

▶ Häkelnadel in die Masche der Vorreihe einstechen – mit dem Mittelfinger den Faden zur Schlinge herunterdrücken – Faden holen und durchziehen (es befinden sich zwei Schlingen auf der Nadel);

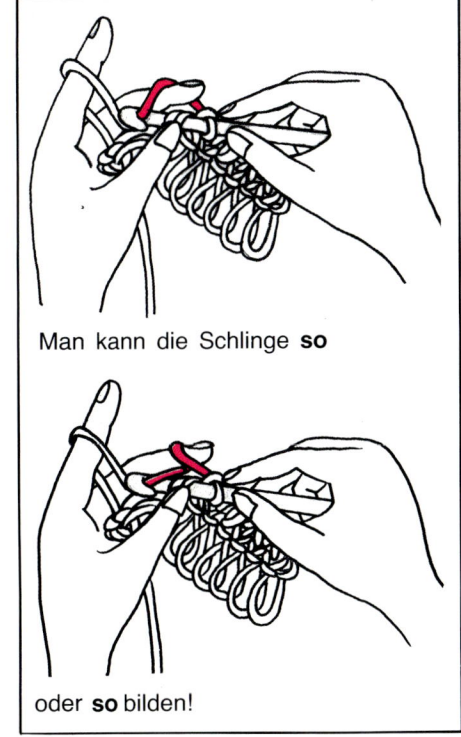

Man kann die Schlinge **so**

oder **so** bilden!

- Mittelfinger aus der Schlinge ziehen und die feste Masche zu Ende häkeln – dabei mit dem Mittelfinger die Schlinge herunterdrücken (= festhalten).
- Soll die Schlinge länger werden, kann der Faden mit dem Mittelfinger entsprechend weit heruntergezogen werden, bevor die Masche zu Ende gehäkelt wird.
- Da die Schlingen immer auf derselben Seite erscheinen sollen, werden in den Hinreihen feste Maschen, in den Rückreihen Schlingenmaschen gehäkelt.

Das Zusammenhäkeln

Es gibt mehrere Möglichkeiten, gehäkelte Teile miteinander zu verbinden. Die beiden einfachsten, die bei den Gegenständen in diesem Buch angewandt wurden, sollen hier erklärt werden.

Vorarbeiten
- Die Häkelteile leicht dämpfen, um evtl. Unregelmäßigkeiten auszugleichen.
- Die Rückseiten der zu verbindenden Teile sorgfältig aufeinanderlegen und evtl. mit Nähgarn zusammenheften.

Das Zusammenhäkeln von außen

Das Zusammenhäkeln zweier Kanten von außen mit rechten Maschen ist recht dekorativ.

- Zu Beginn in die jeweils äußere Randmasche beider Teile stechen, Faden holen und durchziehen (= Anfangsmasche);

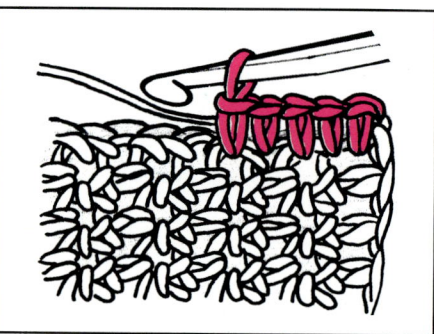

- nun stets gleichzeitig in 2 gegenüberliegende Randmaschen einstechen und darüber 1 feste Masche häkeln.

Das Zusammennähen von außen

Zum Zusammennähen zweier Kanten, die aneinanderstoßen und mit einer flachen, möglichst unsichtbaren Naht verbunden werden sollen, eignet sich am besten der überwendliche Stich.

- Sticknadel ohne Spitze mit dem zum Häkeln verwendeten Garn einfädeln;
- mit dieser Nadel jeweils in die äußeren Glieder zweier gegenüberliegender Randmaschen stechen und diese mit dem überwendlichen Stich verbinden.

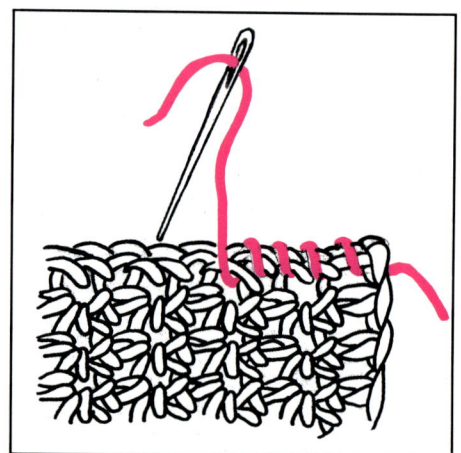

Das halbe Stäbchen

- Luftmaschenkette und drei Wendeluftmaschen häkeln (nur in der ersten Reihe drei Wendeluftmaschen häkeln, in allen weiteren Reihen zwei);
- Faden von hinten nach vorn um die Nadel schlagen – Nadel in das obere Maschenglied einstechen – Faden holen – durchziehen (nun befinden sich drei Schlingen auf der Nadel);

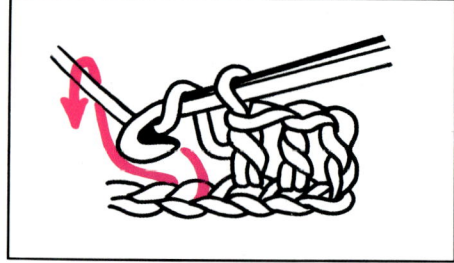

- erneut Faden holen und diesen durch die drei Schlingen ziehen (eine Schlinge bleibt auf der Nadel) – fertig ist das halbe Stäbchen.

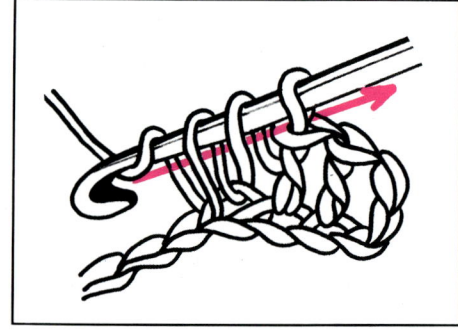

Im Unterschied zur festen Masche wird also vor jedem Einstechen der Faden um die Nadel geschlagen.

- Das nächste halbe Stäbchen in die nächste Luftmasche häkeln – und so weiter bis zum Ende der Reihe bzw. Runde.
- Bei jeder weiteren Reihe oder Runde können Sie entweder in das obere Maschenglied oder in die beiden oberen Maschenglieder der Vorreihe einstechen; in jedem Fall entstehen Rippenmuster!
- Häkeln Sie in Reihen, vergessen Sie bitte nicht:
  – zwei Wendeluftmaschen am Ende jeder Reihe häkeln
  – und danach in die erste Masche der Vorreihe einstechen.

Das Stäbchen

▶ Luftmaschenkette und vier Wendeluftmaschen häkeln (nur in der erste Reihe vier Wendeluftmaschen häkeln, in allen weiteren Reihen zwei);
▶ Faden von hinten nach vorn um die Nadel schlagen – Nadel in das obere Maschenglied einstechen – Faden holen – durchziehen (nun befinden sich drei Schlingen auf der Nadel);

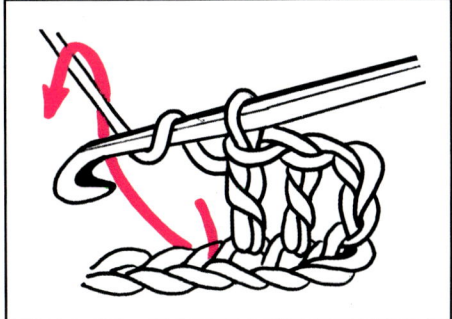

▶ erneut Faden holen, durch zwei Schlingen ziehen (zwei Schlingen bleiben auf der Nadel);

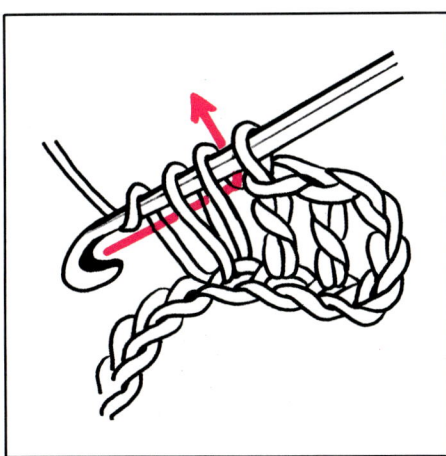

▶ noch einmal Faden holen und diesen durch die beiden Schlingen ziehen (eine Schlinge bleibt auf der Nadel).

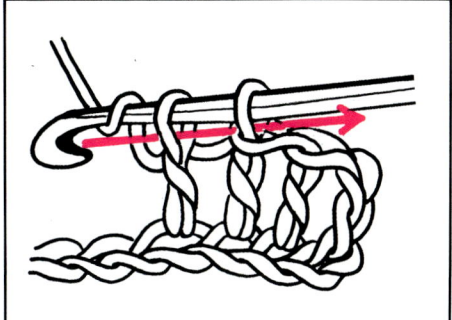

Im Unterschied zum halben Stäbchen wird also der Faden zweimal geholt und jeweils durch zwei Schlingen gezogen – dadurch wird das Stäbchen etwas höher als das halbe Stäbchen – ansonsten ist alles wie beim halben Stäbchen.

Die Kettmasche

Die niedrigste und zugleich festeste Masche ist die Kettmasche (= eine halbe feste Masche).
▶ Häkelnadel in die Masche der Vorreihe einstechen;
▶ Faden holen, durchziehen und auch gleich durch die Schlinge auf der Nadel ziehen, fertig ist die erste Kettmasche.

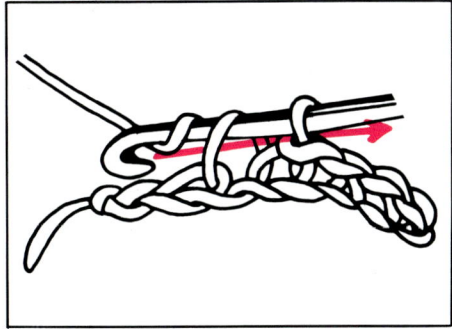

Die Mausezähnchen-Zierkante

Mausezähnchen bestehen aus einer Kombination von Luftmaschen und festen Maschen.

▶ In die ersten zwei Maschen der Vorreihe je eine feste Masche häkeln;
▶ in die nächste Masche der Vorreihe als Mausezähnchen
  – 1 feste Masche
  – 3 Luftmaschen
  – 1 feste Masche in den Steg der vorherigen festen Masche häkeln;
▶ zwei feste Maschen, ein Mausezähnchen im Wechsel als Zierkante häkeln.

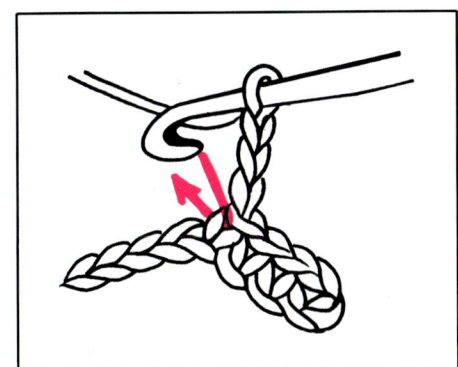

Man nehme einfach nur Luftmaschen

■ WUSCHELCHEN

(Abbildung siehe Titelseite)

MATERIAL
– Wollreste in verschiedenen Farben
– 1 Holzkugel mit durchgebohrtem Loch, ⌀ 2,5–4 cm
– 1 dünnen Baumwollfaden, ca. 1 m lang

GRUNDMUSTER
– Luftmaschen

 der Garnstärke entsprechend

Das Wuschelchen besteht aus lauter Luftmaschenketten von ca. 7–14 cm Länge. Für ein kleines Wuschelchen reichen 20 Luftmaschenketten; soll es größer sein, können 50 oder mehr Luftmaschenketten die Beinchen bilden.

▶ Aus dicker Wolle (oder 3–4 Fäden dünner Wolle) eine ca. 20 cm lange Luftmaschenkette für den Rücken häkeln;
▶ das Schnurende mit der Häkelnadel durch das Loch der Holzkugel ziehen und mit einem Überhandknoten vor dem Herausrutschen sichern;
▶ die Beine mit einem einfachen Knoten dicht aneinander auf der Rückenschnur befestigen, dabei an der Holzkugel beginnen, damit diese nicht mehr verrutschen kann;
▶ besonders nett sieht es aus, wenn die Beine zum Schwanzende hin kürzer werden;
▶ Gesicht aufmalen oder -kleben;

▶ Haare aufkleben oder festknoten;
▶ einen dünnen Baumwollfaden als Führungsfaden am Kopf und am Schwanz befestigen.
Viel Spaß beim Spielen mit dem Wuschelchen!

■ TIERBROSCHEN

MATERIAL
– Woll- oder Baumwollreste
– Filzreste
– Karton
– Broschennadeln
– Klebstoff

GRUNDMUSTER
– Luftmaschen

 3½–4

▶ Eine ca. 30 cm lange Luftmaschenkette häkeln;
▶ Karton in der Größe eines 5 DM-Stükkes mit Klebstoff bestreichen;
▶ die Luftmaschenkette – innen beginnend – spiralförmig aufkleben;
▶ in der letzten Runde zwei Schlaufen als Ohren legen;

▶ das Ende der Luftmaschenkette unter der letzten Schlaufe verstecken;
▶ den Karton mit der Luftmaschenkette ausschneiden;
▶ Augen etc. aufsticken;
▶ die Kartonscheibe auf Filz kleben und ausschneiden;
▶ eine Broschennadel mit Klebstoff auf dem Filz befestigen.

AUSGESTALTUNG
Katze
▶ Augen, Schnäuzchen und Schnurrbarthaare aufsticken.

Schweinchen
▶ Beim Aufkleben der Luftmaschenkette erst mit der 12. Masche beginnen;
▶ den Anfang der Luftmaschenkette zu einer Schnauze aufrollen und festkleben;
▶ Augen und Nasenlöcher aufsticken.

Hund
▶ Die Luftmaschenkette zu einem „länglichen Kreis" aufkleben; auch längliche Schlaufen als Ohren aufkleben;
▶ als Schnauze eine kurze andersfarbene Luftmaschenkette aufrollen und aufkleben;
▶ Augen aufsticken.

Gesichter
▶ Wollfäden als Haare einknüpfen;
▶ Augen und Mund aufsticken.

3

■ WICHTEL

MATERIAL
– feine bunte Wollreste
– Filzreste
– Holzkugeln, ⌀ 1–2 cm, in der Mitte durchbohrt
– Klebstoff
– Nähgarn, Nähnadel

GRUNDMUSTER
– Luftmaschen

 2½–3½

▶ Ein Wichtel besteht aus 10–12 Luftmaschenketten, die jeweils 10–12 Maschen lang sind und fest gehäkelt werden sollten, so daß sie sich in sich drehen (eventuell mit den Fingern zwirbeln);

▶ die Anfangsfäden kurz abschneiden, die Endfäden ca. 20 cm lang lassen;

▶ so viele Endfäden wie möglich mit der Häkelnadel durch die Holzkugel ziehen, zusammen mit einem Überhandknoten, der fest an die Holzkugel geschoben wird, verknoten und abschneiden.

▶ Für den **Hut** einen Kreis, ⌀ 6 cm, aus Filz ausschneiden, halbieren und zu einer spitzen Tüte formen;

▶ die geraden Kanten mit kleinen überwendlichen Stichen zusammennähen oder nur zusammenkleben;

▶ den Hut auf die Holzkugel kleben;

▶ einen Aufhängefaden durch die Hutspitze ziehen.

1

■ GEMÜSE

(Abbildung Seite 15)

Karotte / Rettich groß (klein)
MATERIAL
- grünes Hanf- oder Baumwollgarn
- orangefarbener Filz für die Karotte
- roter oder weißer Filz für den Rettich
- Holzkugel, ∅ ca. 3 cm (bzw. ca. 1,5 – 2 cm) mit großer Bohrung
- Füllwatte

GRUNDMUSTER
- Luftmaschen

 2½–3

▶ Ca. 20 (12) feste Luftmaschenketten in 17 bis 20 cm (bzw. 10 – 15 cm) Länge häkeln – dabei jeweils auf einer Seite ein ca. 20 cm langes Garnende stehen lassen.

▶ Die Luftmaschenketten zwischen den Fingern zwirbeln, so daß sie korkenzieherartig aussehen.

▶ Aus dem orangefarbenen, roten oder weißen Filz ein ca. 20 (bzw. 14) cm langes, spitzes Dreieck zuschneiden, wobei die Oberkante dem Umfang der Kugel an der breitesten Stelle zuzüglich 2 cm Nahtzugabe entsprechen muß;

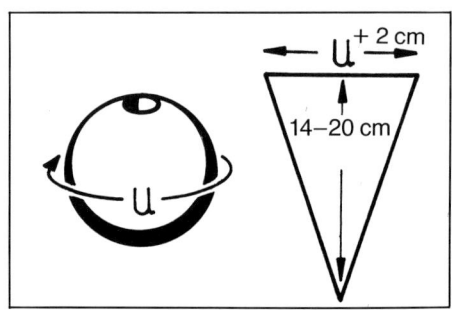

▶ den Filz von Hand oder mit der Nähmaschine tütenartig zusammennähen;
▶ das Ganze wenden, so daß die Naht innen ist;

▶ mit Füllwatte ausstopfen, dabei Freiraum für die Kugel lassen;
▶ die Garnenden der Luftmaschenketten durch die Öffnung der Kugel ziehen;
▶ alle Enden fest zusammenknoten, so daß der Knoten straff an der Kugelöffnung anliegt; die Fäden abschneiden;
▶ den Filz über die Kugel ziehen und ihn dann oberhalb der Kugel zusammennähen.

Petersilie
MATERIAL
- grünes Hanf- oder Baumwollgarn

GRUNDMUSTER
- Luftmaschen

 2½

▶ Ungefähr zwanzig 22–30 cm lange Luftmaschenketten häkeln, die dann zwischen den Fingern gezwirbelt werden, so daß sie korkenzieherartig aussehen;
▶ an jeweils einem Ende ca. 5–10 cm lange „Stiele" aus dem Garn stehen lassen;
▶ diese „Stiele" mit einem roten Haushaltsgummi zusammenbinden;
▶ die restlichen Fäden am anderen Ende dicht am Luftmaschenbeginn abschneiden.

Lauch
MATERIAL
- dünnes cremefarbenes Baumwollgarn,
- grüner Filz,
- ein Streifen cremefarbener Filz, Füllwatte

GRUNDMUSTER
- Luftmaschen

 2–2½

▶ Ca. zehn 7 cm lange Luftmaschenketten häkeln, diese an einem Ende alle mit dem Überhandknoten zusammenknoten.

▶ Aus dem grünen Filz ein 8 × 22 cm großes Rechteck ausschneiden;
▶ mit diesem Rechteck eine aus Füllwatte geformte „Wurst" (∅ ca. 2,5 cm, Länge 10–12 cm) umrollen und zusammenkleben oder -nähen;
▶ in das Ende der „Wurst", in dem keine Füllwatte ist, ca. 8 cm lange, 1 cm breite Fransen schneiden;
▶ den Knoten der Luftmaschenketten in das andere Ende stecken und den Filz hinter dem Knoten mit Nähgarn zusammenziehen und -nähen;
▶ von dieser Ansatzstelle aus ein ca. 6 × 8 cm großes Rechteck aus cremefarbenem Filz auf den grünen Filz kleben bzw. nähen.

■ TOLLPATSCH – MARIONETTE

MATERIAL
- Woll- oder Baumwollreste
- Holzteile (s. Zeichnung auf dem Schnittmusterbogen)
- ca. 4 m dünne Perlonschnur
- Tacker
- evtl. Federn, Lackmalstifte, Schraubösen

GRUNDMUSTER
- Luftmaschen

 3–4

▶ Holzteile zusägen und bohren;
▶ zwei Leisten als Führungskreuz zusammenbinden;
▶ evtl. zwei Pompons anfertigen.

▶ Für die **Beine** 4–6 Luftmaschenketten, 30–40 cm lang, häkeln.
▶ Für den **Hals** 2–4 Luftmaschenketten, 7–10 cm lang, häkeln.
▶ Anfangs- und Endfäden bei allen Luftmaschenketten ca. 20 cm lang lassen.

▶ Die Anfangs- und Endfäden der Hals-Luftmaschenketten mit einer Häkelnadel durch die Bohrung im Kopf und Körper ziehen, mit je einem Überhandknoten fest verknoten und kurzschneiden.

- ▶ Die Bein-Luftmaschenketten durch die zweite Bohrung im Marionettenkörper ziehen, die Fadenenden mit einem Überhandknoten fest verknoten und in der gewünschten Länge abschneiden.
- ▶ Die Beine direkt unterhalb des Knotens auf die Füße tackern.
- ▶ Die Marionette mit bunten Federn oder Pompons ausgestalten (sorgfältig kleben!).
- ▶ Die Holzteile eventuell mit Lackmalstiften o. a. bemalen.

- ▶ Als **Aufhängung** an den Füßen, am Kopf und am Po je einen Perlonfaden befestigen:

- ▶ Zuerst den Körperfaden an den hinteren Teil des Führungskreuzes knoten;
- ▶ den Kopffaden in der Länge regulieren und vorn an das Führungskreuz knoten;
- ▶ die beiden Fußfäden in der Länge regulieren und an die Querleistenenden knoten.

Zum Aufhängen einer Marionette sollte man sich ein bißchen Zeit lassen, um auszuprobieren, wie lang die einzelnen Führungsfäden sein müssen und wo genau sie am Führungskreuz angebracht werden sollen, damit die Marionette die gewünschten Bewegungen ausführen kann.

Erst wenn's stimmt, kann man das Führungskreuz für den Halt der Fäden an den entsprechenden Stellen einkerben oder Schraubösen anbringen.

Pfiffiges aus festen Maschen

■ FINGERPUPPEN

MATERIAL
– Wollreste, passend zur Häkelnadel Nr. 3
– Filzreste
– Nähgarn und -nadel

GRUNDMUSTER
– Feste Maschen, rund gehäkelt

 3

GRUNDFORM FÜR DIESE FINGER-PUPPEN

▶ Luftmaschenanschlag: 24 Maschen;
▶ Luftmaschenkette zum Ring schließen;
▶ mit festen Maschen durchgehend (spiralförmig) bis zu einer Gesamthöhe von 6 cm häkeln.
▶ Abnehmen: Immer in jede zweite Masche eine feste Masche häkeln, bis nur noch eine Masche übrig ist – schon ist die Grundform fertig.

Die Fingerpuppen sind in Originalgröße mit den Schnitten für die Filzteile auf dem Schnittmusterbogen abgebildet.

AUSGESTALTUNG

Schwein
▶ Augen, Ohren und Schnauze aus Filz ausschneiden und aufnähen.

Löwe
▶ Ohren und Augen aus Filz zuschneiden und aufnähen;

▶ Maul und Nase mit Stepp- oder Kettenstichen aufsticken;
▶ für die Mähne ca. 7 cm lange Wollfäden zuschneiden und rund um das Gesicht mit der Häkelnadel einknüpfen.

Fuchs
▶ Augen und Ohren aus Filz zuschneiden und annähen;
▶ Nase: Drei Filzdreiecke ausschneiden, zusammennähen, mit etwas Watte ausstopfen und auf die Fingerpuppe nähen.

Elefant
▶ Ohren: 2 ca. 6 × 3 cm große Rechtecke aus festen Maschen häkeln;
▶ diese an einer Längsseite einreihen, damit die Ohren gut stehen, und annähen.
▶ Rüssel: 9 Luftmaschen anschlagen, zum Ring schließen und ein ca. 7–8 cm langes Röhrchen häkeln, dabei nach und nach je eine Masche abnehmen; annähen.
▶ Die Augen aus Filz ausschneiden und aufnähen.

Rabe
▶ Schnabel: Zwei Filzteile ausschneiden, zusammennähen, mit Watte ausstopfen und aufnähen.
▶ Flügel und Augen aus Filz ausschneiden und annähen.
▶ Beine: Aus drei Wollfäden für jedes Bein eine 5 cm lange Luftmaschenkette häkeln; nun jeden Wollfaden einzeln

noch 1 cm weiterhäkeln – so entstehen je drei Krallen.

Katze
▶ Ohren, Augen und Schnäuzchen aus Filz ausschneiden und festnähen;
▶ 4–5 cm lange Barthaare aus Nähgarn zuschneiden und einziehen.

Bär
▶ Ohren, Augen und Schnauze aus Filz ausschneiden und festnähen;
▶ ein kleiner Pompon als Nase sieht besonders nett aus.

■ BEUTELCHEN

(Abbildung Seite 20)

MATERIAL
– 20–40 g Baumwollgarn

GRUNDMUSTER
– Feste Maschen, rund gehäkelt
– evtl. Stäbchen

 3–4

Das Beutelchen wird von der Oberkante zum Boden gehäkelt:
▶ Luftmaschenanschlag: 60 Maschen;
▶ Luftmaschenkette zum Ring schließen (siehe Seite 8);
▶ 5 Runden im Grundmuster häkeln;
▶ 6. Runde: Eventuell in jede 3. Masche 2 Stäbchen, 2 Luftmaschen im Wechsel für den Kordeldurchzug häkeln;
▶ im Grundmuster weiterhäkeln bis zur gewünschten Höhe;

▶ nach ca. 35 Runden den Boden häkeln: 2 Maschen auslassen, 1 feste Masche häkeln – so oft, bis der Boden geschlossen ist.

▶ Garnenden vernähen;
▶ Kordel drehen, flechten oder eine Luftmaschenkette häkeln und durchziehen.

VARIATIONSMÖGLICHKEITEN
▶ Farbauswahl – Farbkombinationen;
▶ beim Häkeln in die ganze Masche oder nur in das vordere oder in das hintere Maschenglied einstechen;
▶ abwechselnd ein paar Runden feste

Maschen, ein paar Runden Stäbchen häkeln;
▶ Perlen einhäkeln (siehe Seite 9);
▶ die Größe variieren durch die Material- und Nadelstärke, die Maschen- und Rundenanzahl;
▶ den Rand mit „Mausezähnchen" versehen (siehe Seite 11).

■ BEUTELCHEN MIT LEDERBODEN

MATERIAL
– Ca. 30 g Baumwollgarn
– Lederrest, ∅ ca. 10 cm
– Lederlochzange

GRUNDMUSTER
– Feste Maschen, rund gehäkelt

 3–4

▶ Rundes Lederstück, ∅ ca. 10 cm, für den Boden zuschneiden;
▶ mit der Lochzange Löcher einstanzen: Abstand zur Kante: 0,5 cm Abstand zwischen den einzelnen Löchern: 1 cm.

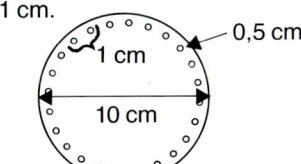

- ▶ In jedes Loch drei feste Maschen häkeln;
- ▶ 30–35 Runden im Grundmuster häkeln;
- ▶ eventuell in jede 3. Masche 1 Stäbchen, 2 Luftmaschen im Wechsel für den Kordeldurchzug häkeln;
- ▶ weitere 5 Runden im Grundmuster häkeln.

■ MÄUSCHEN

MATERIAL
- 10–30 g Wolle je nach Größe
- 2 Knöpfe/Holzkugeln (Augen)

GRUNDMUSTER
- Feste Maschen, rund gehäkelt

 3–3½

- ▶ Luftmaschenanschlag: 40 Maschen;
- ▶ Luftmaschenkette zum Ring schließen;
- ▶ zwei Runden im Grundmuster häkeln.
- ▶ Abnehmen: Nach jeder 5. Masche eine Masche auslassen, bis sich eine Spitze bildet (Schnauze);
- ▶ Hinterteil: Von der anderen Seite in die Luftmaschenkette einstechen und in Gegenrichtung rundhäkeln. Nach jeder 3. Masche eine Masche auslassen;
- ▶ bevor sich der Körper schließt, die Maus ausstopfen;
- ▶ den Körper zu Ende häkeln und an die letzte Masche eine Luftmaschenkette als Schwanz häkeln.

Ohren
- ▶ Luftmaschenanschlag: 3 Maschen, zum Ring schließen;
- ▶ spiralförmig in jede Masche zwei feste Maschen häkeln, bis eine runde Fläche mit ∅ 3–4 cm entstanden ist;
- ▶ 1 feste Masche, 1 Kettmasche häkeln;
- ▶ die Ohren mit dem Fadenende an den Körper nähen.
- ▶ 2 Knöpfe oder Holzkugeln als Augen annähen.

■ MÄUSE ZUM FÜLLEN

(Abbildung Seite 22)
Viel witziger als die herkömmlichen Brustbeutel sind „Füllmäuse", die sich die Kinder umhängen oder am Gürtel befestigen können.

MATERIAL
- 20 g Baumwollgarn, z. B. Topflappengarn
- 2 Perlen (Augen)
- Stoff- oder Filzrest
- schwarzer Zwirn

GRUNDMUSTER
- Feste Maschen

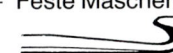 3–3½

Körper
- ▶ Luftmaschenanschlag: 33 Maschen + 1 Wendeluftmasche;
- ▶ entsprechend der Zeichnung auf Umschlagseite 2 erst das Vorderteil häkeln, wenden und dann an den Luftmaschenanschlag zur anderen Seite das Hinterteil häkeln.

Ohren
- ▶ Luftmaschenanschlag: 2 + 1 Wendeluftmasche
- ▶ 1. Reihe: zwei feste Maschen
- ▶ 2. Reihe: vier feste Maschen
- ▶ 3. Reihe: zwei feste Maschen
- ▶ 4. Reihe: eine feste Masche (siehe Zeichnung zweite Umschlagseite).
- ▶ Die Maus mit überwendlichen Stichen bis zur Durchzugslinie zusammennähen – die Naht verläuft an der Unterseite;
- ▶ Garn, Kordel oder Luftmaschenkette zum Schließen und eventuellem Aufhängen der Maus am Hinterteil einziehen (siehe unten);

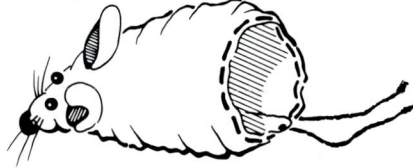

- ▶ Ohren, Augen, Tasthaare annähen;
- ▶ Nasenspitze sticken oder anmalen.

AUSGESTALTUNG

Erste-Hilfe-Maus
- ▶ Luftmaschenanschlag in Rot:
  9 Maschen + 1 Wendeluftmasche;
- ▶ 9 Reihen feste Maschen häkeln;
- ▶ aus den mittleren 3 Randmaschen rechts und links je 3 Maschen heraushäkeln und je 3 Reihen feste Maschen häkeln (= seitliche Kreuzteile);

- ▶ das rote Kreuz auf die Maus kleben oder nähen.

Telefongeld-Maus
- ▶ Telefon mit Stoffmalstiften oder wasserfesten Filzstiften auf Filz- oder Stoffrest malen, ausschneiden und aufkleben.

Taschengeld-Maus
- ▶ Geldstücke unter ein Stück weißes Papier legen, mit weichem Bleistift oder Farbstift darübermalen, ausschneiden und aufkleben.

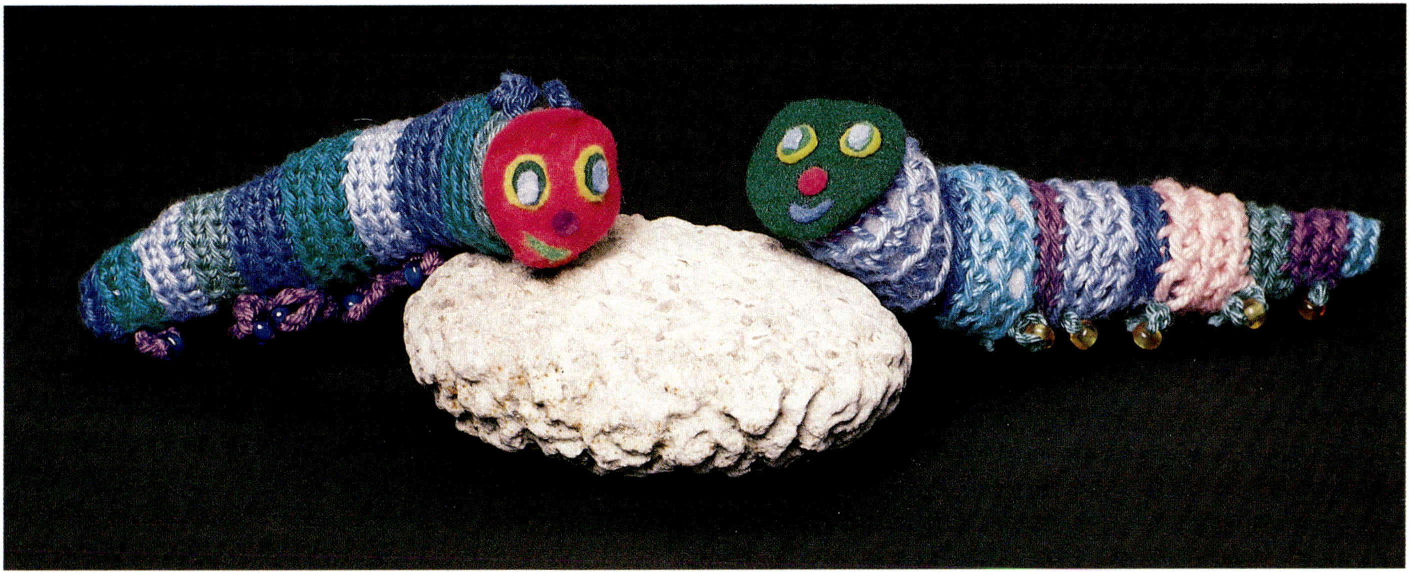

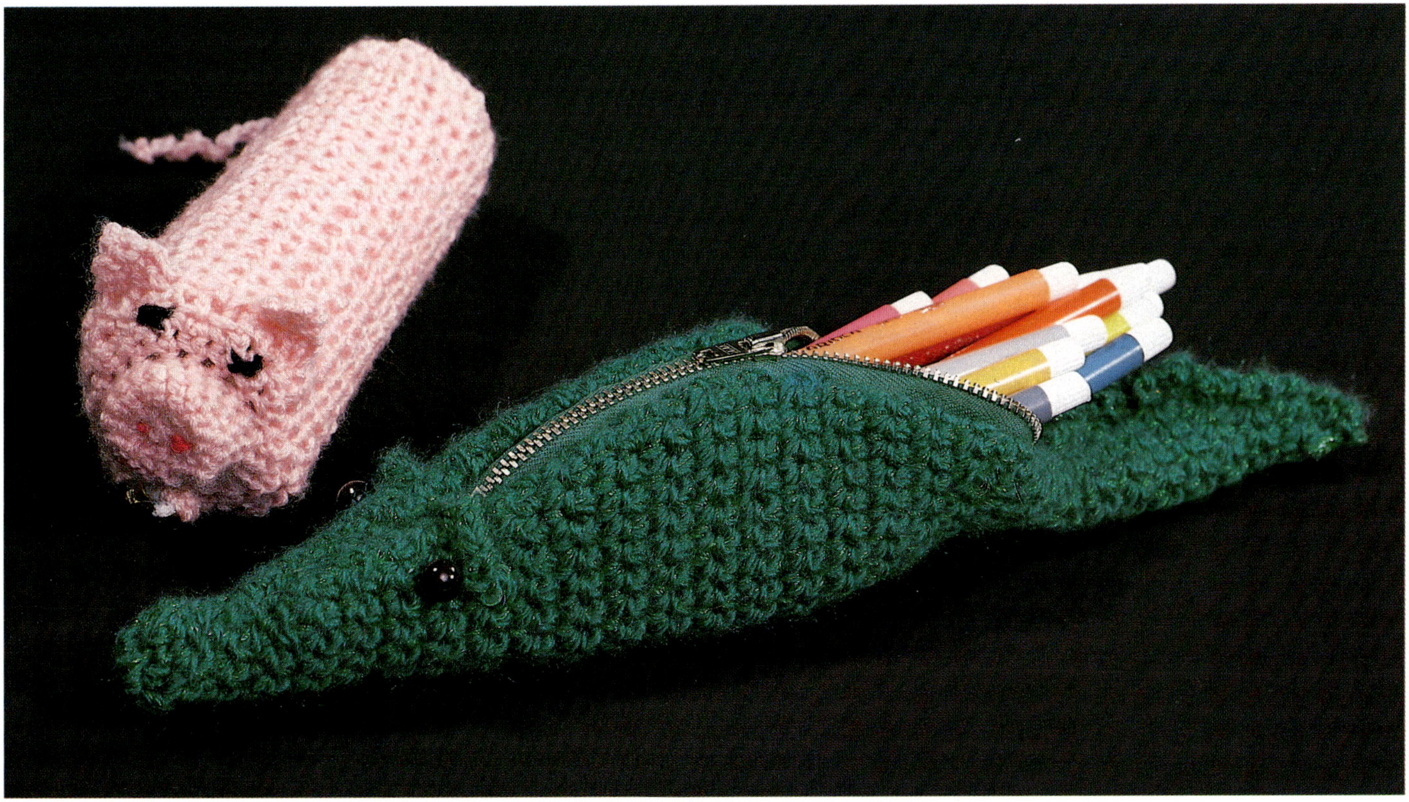

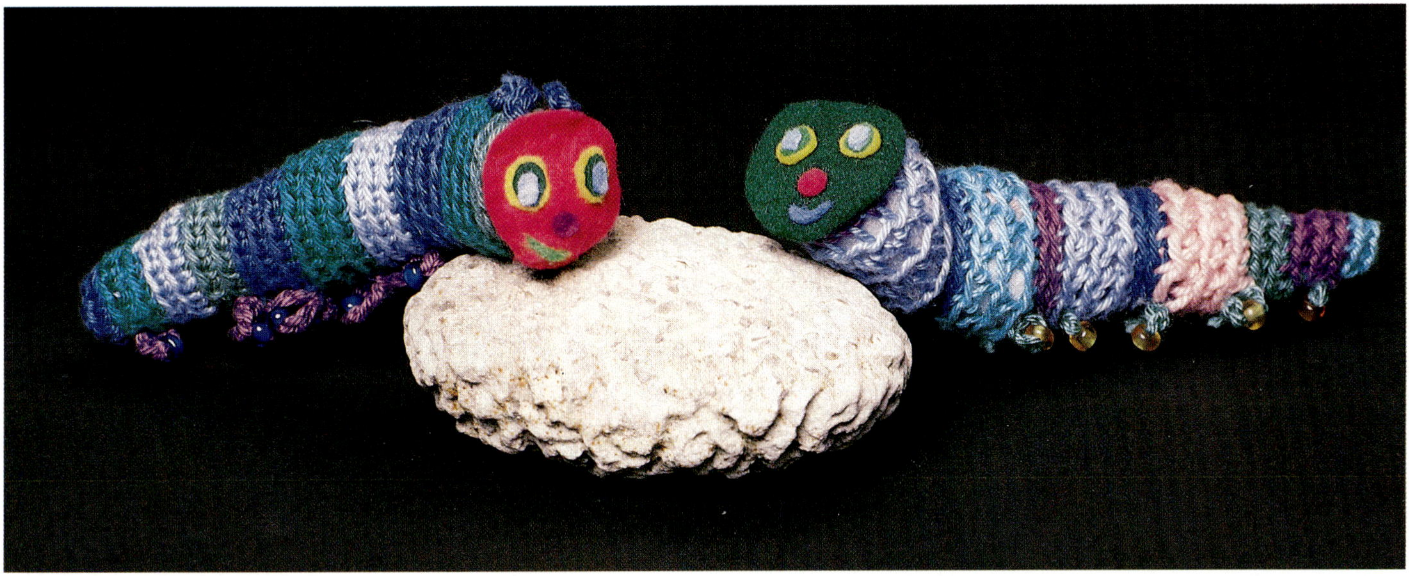

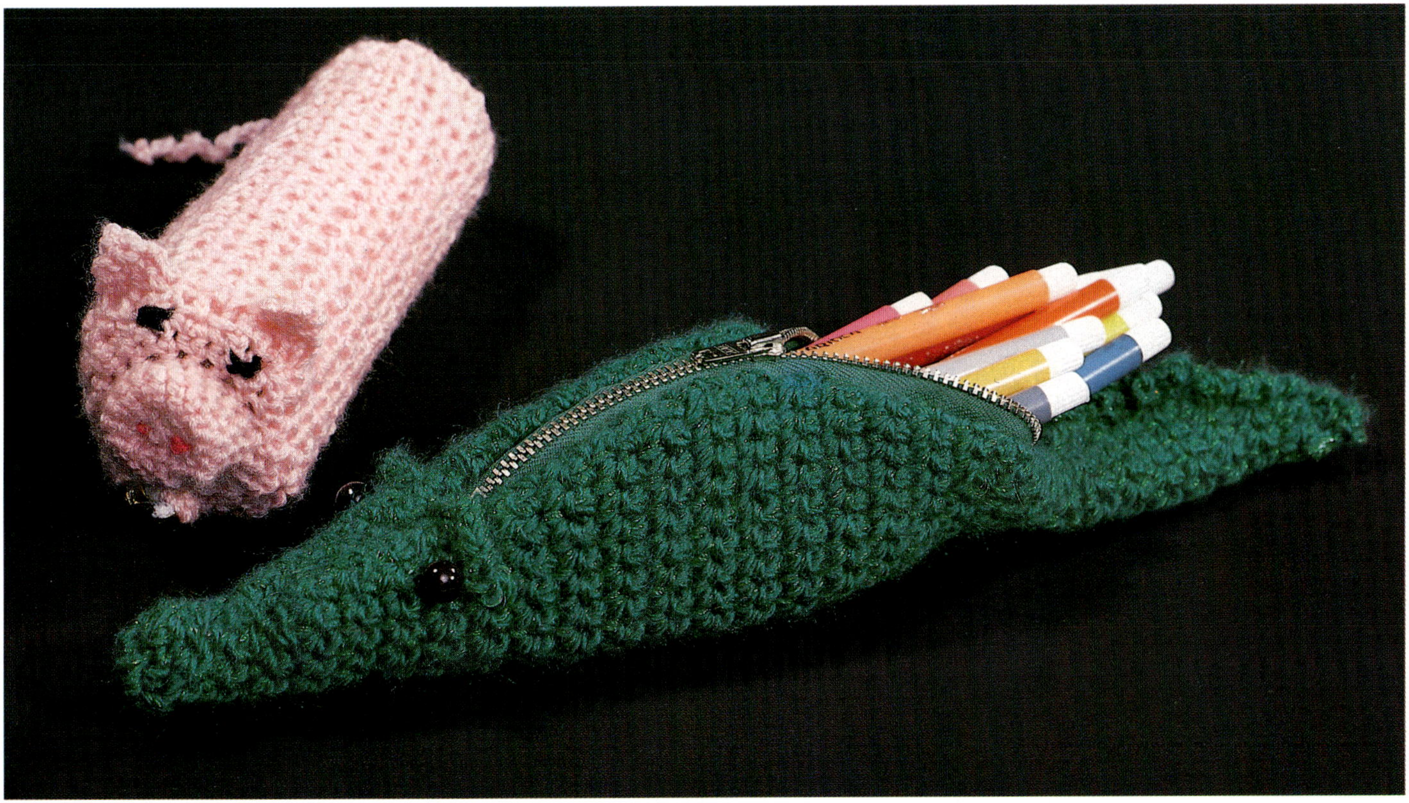

■ RAUPE

(Abbildung Seite 23)

MATERIAL
- Baumwollgarn-Reste in Türkis, Blau, Hellblau, Rosa, Violett
- Filzreste in Grün, Hellgrün, Hellblau, Gelb, Pink (für das Gesicht)
- 10 Perlen (Füße)
- Füllwatte
- Klebstoff

GRUNDMUSTER
- Feste Maschen, in das obere Maschenglied eingestochen, rund gehäkelt.

 2, 3½–4, 5

Die Raupe wird entsprechend der Zeichnung auf der zweiten Umschlagseite gehäkelt. Man beginnt mit dem Körperende

▶ Luftmaschenanschlag: 4 Maschen zur Runde schließen;
▶ bei jedem Farbwechsel verteilt zwei Maschen zunehmen, bis eine Runde 10 Maschen umfaßt;
▶ mit dieser Maschenzahl bis zur gewünschten Länge weiterhäkeln.
▶ Die typische Körperform der Raupe entsteht durch Wechsel der Nadelstärke – das hintere Teil und die schmalen Ringe werden mit einer feinen Nadel (Nr. 2), die breiten mit einer dickeren Nadel (3½–4) gehäkelt. Für den vorderen dicksten Teil der Raupe wird sogar Nadelstärke 5 verwendet.
▶ Fäden vernähen oder verknoten;
▶ Raupe mit Füllwatte ausstopfen;
▶ Gesicht, Augen, Mund und Nase aus Filz ausschneiden, Gesicht anfertigen und an das vordere Ende kleben;
▶ Beine: 5 Luftmaschenketten mit je 7 Maschen häkeln; jeweils 1 Luftmaschenkette durch den Bauch der Raupe ziehen, an jedes Ende eine Perle knoten;
▶ Fühler: 7 Luftmaschen; in die 6. Luftmasche 2 feste Maschen häkeln.

Die **kleine Raupe** wird im Prinzip wie die große gehäkelt, jedoch nur mit Nadelstärke 2 und 2½ im Wechsel.

■ KROKODIL – BLEISTIFTMÄPPCHEN

(Abbildung Seite 23)

MATERIAL
- 40 g grüne Wolle oder Baumwolle
- 1 Reißverschluß, 16 cm
- 2 Knöpfe oder Holzperlen

GRUNDMUSTER
- Feste Maschen

 3½–4

Das Krokodil besteht aus einer ca. 32 cm langen Häkelfläche, die ihre Form durch gezieltes Zu- und Abnehmen innerhalb der Reihen erhält und vom Schwanzende zum Kopfende gehäkelt wird – siehe nebenstehende Zeichnung.

▶ Luftmaschenanschlag für den Schwanz: 6 Maschen + 1 Wendeluftmasche;
▶ 2 Reihen häkeln;
▶ 3 × in jeder 2. Reihe 2 Maschen zunehmen (= 12 Maschen);
▶ weitere 8 Reihen häkeln.
▶ Danach beginnt der Bauch des Krokodils: 9 × in jeder 2. Reihe 2 Maschen zunehmen bis 30 Maschen erreicht sind;
▶ 3 Reihen ohne zuzunehmen häkeln;
▶ 4 × in jeder 2. Reihe 2 Maschen abnehmen (= 22 Maschen).
▶ Für den Kopf häkelt man wie folgt weiter: 8 × in jeder 2. Reihe 2 Maschen abnehmen (= 6 Maschen);
▶ 2 Reihen häkeln;
▶ Kopf und Schwanz des Krokodils mit überwendlichen Stichen zunähen – dabei in der Mitte eine 16 cm lange Öffnung lassen;
▶ den Reißverschluß öffnen und einnähen;
▶ auf der Nahtlinie des Schwanzes als Kamm Luftmaschenbögen (= 1 feste Masche, 3 Luftmaschen) in jede Masche häkeln;
▶ 2 Holzperlen o. ä. als Augen festnähen;
▶ über den Augen je 2 Luftmaschenbögen häkeln.

Häkelschema Krokodil-Bleistiftmäppchen

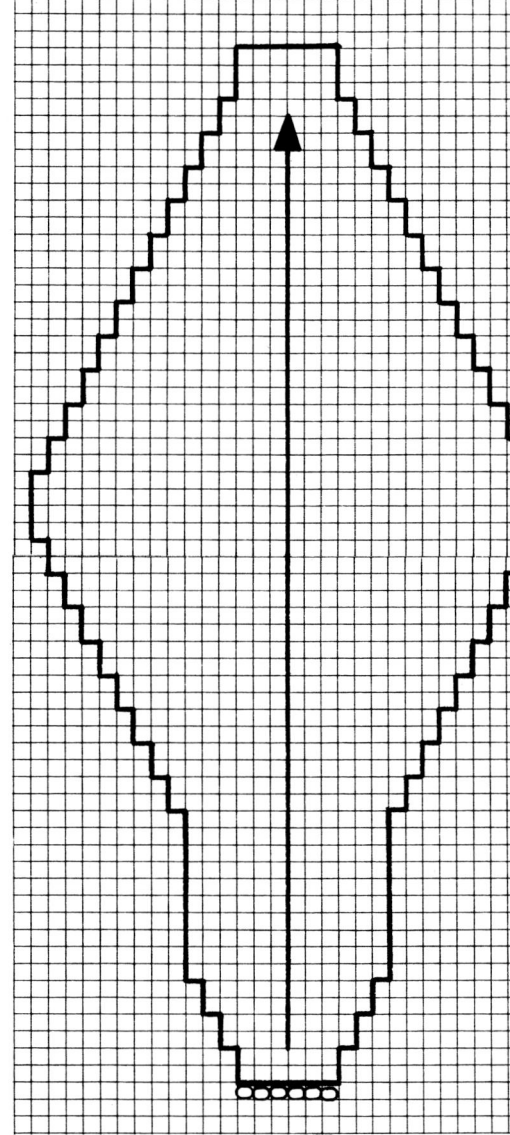

1 Kästchen ≙ 1 Masche
◯ Luftmasche

24

■ HANDPUPPE – KROKODIL

MATERIAL
- 50 g grüne Wolle
- 20 g rote Wolle
- Rest schwarze und weiße Wolle
- ca. 4 × 18 cm grüner Filz
- 2 Stücke weißer Filz, ca. 2 × 30 cm pro Stück
- 2 schwarze Holzperlen (Augen)
- Nähgarn in Weiß und Grün
- Nähnadel, Sticknadel

GRUNDMUSTER
- Feste Maschen

3½–4

Ober- und Unterteil
Ober- und Unterteil werden auf gleiche Weise hergestellt.

▶ Luftmaschenanschlag für jedes Teil: 23 Maschen + 1 Wendeluftmasche;
▶ den **Körper** im Grundmuster bis zu einer Gesamthöhe von 17 cm (ca. 36 Reihen) häkeln;
▶ den **Kopf** entsprechend der Zeichnung Seite 26 weiterhäkeln (1 Kästchen entspricht 1 festen Masche).

Die Form des Maulteils ist mit der Kopfform identisch und wird dementsprechend gehäkelt:

▶ Luftmaschenanschlag: 23 Maschen + 1 Wendeluftmasche;
▶ entsprechend der Kopf-Zeichnung den Oberkiefer häkeln;
▶ wenden;
▶ den Unterkiefer an den Luftmaschenanschlag des Oberkiefers häkeln.

▶ Körperober- und -unterteil von rechts mit grüner Wolle an den Seiten bis zum Beginn des Mauls zusammenhäkeln;
▶ den Oberkiefer mit dem Kopf-Oberteil zusammenhäkeln;
▶ den Unterkiefer mit dem Kopf-Unterteil zusammenhäkeln.

Kopf

▶ Auf der Stirn des Krokodils zwei ca. 4 cm lange Wülste abnähen;
▶ die Augen (Holzperlen) links und rechts der Wülste annähen;
▶ zwei Nasenlöcher mit schwarzer Wolle aufsticken.

Zähne

▶ Aus weißem Filz für Ober- und Unterkiefer je eine Zahnreihe zuschneiden und am Rand des Mauls annähen.

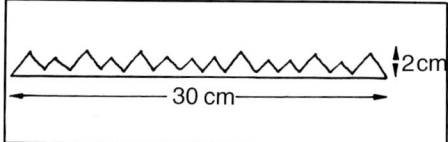

Kamm

▶ Den Kamm aus grünem Filz zuschneiden und mit Nähgarn auf die Mitte des Rückens nähen.

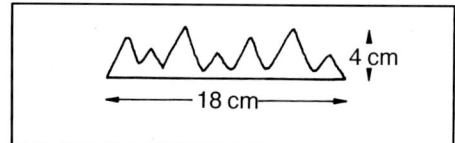

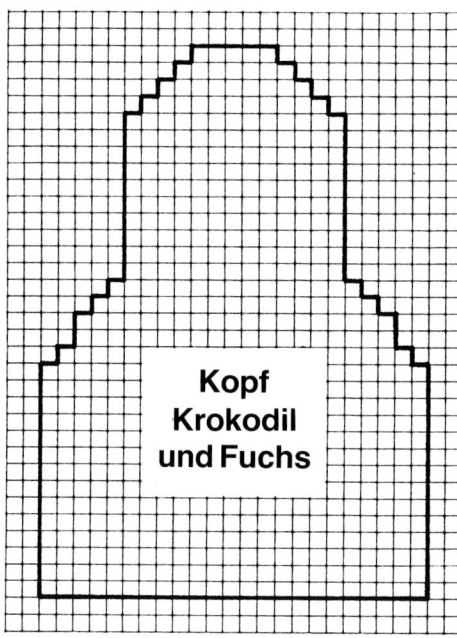

Kopf Krokodil und Fuchs

■ HANDPUPPE – FUCHS

(Abbildung Seite 25)

MATERIAL
– 50 g rotbraune Wolle
– 20 g rote Wolle
– Rest schwarze Wolle
– 6 × 18 cm rotbrauner Filz
– 5 × 5 cm grauer Filz
– 2 Stück weißer Filz, ca. 2 × 30 cm pro Stück
– 9 × 5 cm roter Filz
– 2 Plastikaugen
– Nähgarn in Weiß und Rotbraun
– Nähnadel, Sticknadel
  Für den Pelz:
– 20 g rotbraune Wolle (wie für den Körper)
– 20 g rotbraunes Flausch- oder Mohairgarn

GRUNDMUSTER
– Feste Maschen

 3½–4

Der Fuchs wird wie das Krokodil hergestellt. Abweichungen ergeben sich nur in der Ausgestaltung (siehe Zeichnung).

Ohren

▶ Aus rotbraunem Filz vier Dreiecke ausschneiden;
▶ aus grauem Filz zwei kleinere Dreiecke ausschneiden;
▶ den grauen Filz vor den rotbraunen kleben und halbkreisförmig auf dem Kopf festnähen;

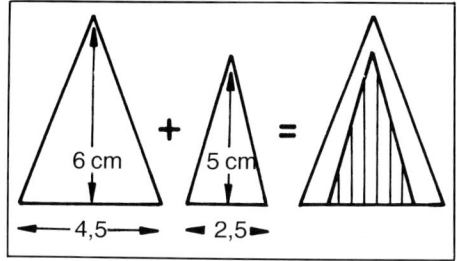

▶ damit die Ohren besser stehen, die beiden restlichen Filzdreiecke auf die Rückseite der angenähten Ohren kleben.

Kopf

▶ Die Augen annähen;
▶ mit schwarzer Wolle auf den vorderen Teil der Schnauze eine Spitze sticken;
▶ in diese schwarze Spitze Barthaare mit der gleichen Wolle einknüpfen;
▶ evtl. eine Zunge annähen.
▶ Zähne wie beim Krokodil anfertigen und festnähen – sie sollten jedoch etwas kleiner ausfallen.

Pelz

▶ Die Wolle in ca. 12 cm lange Fäden schneiden und auf den Rücken knüpfen. Bei Verwendung von zwei unterschiedlichen Garnsorten sollten diese immer abwechselnd eingeknüpft werden.

Schwanz

▶ Luftmaschenanschlag: 20 Maschen + 1 Wendeluftmasche;
▶ 3 Reihen feste Maschen häkeln;
▶ Pelz einknüpfen;
▶ den Schwanz unten an der Mitte des Rückens annähen.

26

■ HANDPUPPE – DRACHE

(Abbildung Seite 27)

MATERIAL
- 100 g olivgrüne Wolle
- 30 g dunkellila Wolle
- ca. 5 × 40 cm lila Filz
- ca. 4 × 11 cm hellgrüner Filz
- 2 Naturholzperlen (Augen), durchgebohrt
- etwas Füllwatte

GRUNDMUSTER
- Feste Maschen

 5–6

Ober- und Unterteil
- ▶ Luftmaschenanschlag für jedes Teil: 18 Maschen + 1 Wendeluftmasche.
- ▶ Beide Teile im Grundmuster bis zu einer Gesamthöhe von 19 cm (ca. 28 Reihen) häkeln;
- ▶ den Kopf entsprechend der Zeichnung auf der zweiten Umschlagseite weiterhäkeln.

Maul
Die Form des Maulteils ist mit der Kopfform identisch und wird dementsprechend gehäkelt:
- ▶ Luftmaschenanschlag: 18 Maschen + 1 Wendeluftmasche;
- ▶ entsprechend der Kopf-Zeichnung auf der zweiten Umschlagseite den Oberkiefer häkeln;
- ▶ wenden;
- ▶ den Unterkiefer an den Luftmaschenanschlag des Oberkiefers häkeln.

Körper
- ▶ Ober- und Unterteil von außen mit olivgrüner Wolle an den Seiten mit zwei festen Maschen und einem Mausezähnchen (siehe Seite 11) im Wechsel bis zum Beginn des Mauls zusammenhäkeln;
- ▶ den Oberkiefer und das Kopf-Oberteil mit festen Maschen zusammenhäkeln;

- ▶ den Unterkiefer und das Kopf-Unterteil mit festen Maschen zusammenhäkeln.

Ohren
- ▶ Luftmaschenanschlag: 4 Maschen + 1 Wendeluftmasche
- ▶ drei Reihen feste Maschen
- ▶ in der vierten Reihe rechts und links je eine Masche abnehmen.
- ▶ Beim Aufnähen die Unterkante leicht zusammenziehen.

Nüstern
- ▶ Luftmaschenanschlag: 3 Maschen + 1 Wendeluftmasche;
- ▶ in jede Luftmasche ein Stäbchen häkeln;
- ▶ Anfangs- und Endfaden verknoten und die Nüstern annähen.

Augen
- ▶ Wollfadenende mit einem dicken Knoten versehen, durch die Kugel ziehen und festnähen.

Zunge
- ▶ Die Zunge doppelt aus Filz zuschneiden;
- ▶ beide Teile zusammennähen (evtl. verstürzen), leicht ausstopfen und im Rachen festnähen.

Kamm
- ▶ Aus Filz zuschneiden und auf die Mitte des Rückens mit überwendlichen Stichen nähen.

Schwanz
- ▶ Gemäß der Zeichnung auf dem Schnittmusterbogen anhäkeln.
- ▶ Zwei Spitzen aus Filz zuschneiden und auf das Schwanzende kleben.

■ HANDPUPPE – NILPFERD

(Abbildung Seite 27)

MATERIAL
- 100 g dunkellila Wolle
- 25 g hellila Wolle
- Rest weiße Wolle
- 2 Naturholzperlen (Augen) durchbohrt
- etwas Füllwatte
- Nähnadel

GRUNDMUSTER
- Feste Maschen

 5–6

Das Nilpferd wird wie der Drache gehäkelt. Abweichungen ergeben sich nur in der Kopfform (siehe Zeichnung auf der zweiten Umschlagseite).

Körper
- ▶ Ober- und Unterteil von außen mit dunkellila Wolle an den Seiten mit festen Maschen bis zum Beginn des Mauls zusammenhäkeln;
- ▶ den Oberkiefer mit dem Kopf-Oberteil zusammenhäkeln;
- ▶ den Unterkiefer mit dem Kopf-Unterteil zusammenhäkeln.

Ohren, Nüstern und Augen
wie beim Drachen anfertigen.

Zähne
- ▶ Luftmaschenanschlag: 8 Maschen, zu einem Ring schließen;
- ▶ 4 Runden feste Maschen häkeln;
- ▶ abnehmen: Immer 2 Maschen zusammenhäkeln, bis nur noch eine Masche übrigbleibt;
- ▶ Endfaden durch die letzte Masche ziehen und vernähen;
- ▶ Zähne ausstopfen und links und rechts im Oberkiefer festnähen.

■ ZAPPELTIER: ESEL

MATERIAL
– 50 g graue Wolle
– Filzrest in Grau und Schwarz
– Wollreste in Rot, Schwarz, Dunkelgrau
– Füllwatte

GRUNDMUSTER
– Feste Maschen

 3–3½

Körper
▶ Luftmaschenanschlag: 40 Maschen + 1 Wendeluftmasche;
▶ bis zu einer Gesamthöhe von ca. 12 cm (= ca. 30 Reihen) im Grundmuster häkeln;
▶ die beiden 12 cm langen Kanten zusammenhäkeln, so daß ein Schlauch entsteht. Nun weiter in Runden häkeln.

Hinterteil
1. Runde: In jede 2. Masche einstechen (= 20 Maschen);
2. Runde: In jede Masche einstechen;
3. Runde: In jede 2. Masche einstechen (= 10 Maschen);
4. Runde: In jede Masche einstechen;
5. Runde: In jede 2. Masche einstechen (= 5 Maschen), mit Kettmaschen schließen.

Vorderteil
▶ Das Vorderteil nach dem Füllen mit Füllmaterial genauso schließen.

Beine
▶ Luftmaschenanschlag: 20 Maschen + 1 Wendeluftmasche;
▶ bis zu einer Gesamthöhe von ca. 8 cm (= ca. 20 Reihen) häkeln;
▶ Füllmaterial einlegen und zusammenhäkeln.
▶ Vier Beine anfertigen

Hals

▶ Luftmaschenanschlag: 30 Maschen + 1 Wendeluftmasche;
▶ 1. Reihe: Feste Maschen;
2.–15. R.: In jeder zweiten Reihe die beiden ersten und die beiden letzten Maschen zusammenhäkeln.
▶ Füllmaterial einlegen und zusammenhäkeln.

Kopf

▶ Luftmaschenanschlag: 6 Maschen, zum Ring schließen;
▶ in jede Luftmasche 2 feste Maschen häkeln (12 M.);
1. Runde: Feste Maschen;
2. Runde: 2 Maschen zunehmen;
3.–12. Runde: Abwechselnd wie Runde 1 und 2 häkeln, zum Schluß sind es 24 Maschen;
13. Runde: In jede 2. Masche eine feste Masche häkeln (12 M.);
14. + 15. Runde: Feste Maschen;
16. Runde: In jede Masche 2 feste Maschen häkeln (24 M.);
17.–30. Runde: Feste Maschen;
31. Runde: In jede 2. Masche häkeln;
32. Runde: Feste Maschen.
Reihe 31 und 32 wiederholen.
▶ Mit Füllmaterial füllen und mit Kettmaschen schließen.

Ohren

▶ Luftmaschenanschlag: 6 Maschen, zum Ring schließen;
▶ in jede Luftmasche 3 feste Maschen häkeln (18 M.),
▶ 2 feste Maschen in eine Masche, 6 feste Maschen, 2 feste Maschen, 1 Luftmasche, 2 Stäbchen; weiter:
▶ eine Runde feste Maschen;
▶ an der Spitze 2 Stäbchen;
▶ eine Runde feste Maschen;
▶ den Schluß (= Spitze) bilden 2 Stäbchen.
▶ Beine locker an den Körper nähen, so daß sie „baumeln" können.
▶ Alle Körperteile so aneinandernähen, daß der Esel gefällt.

▶ Maul und Nüstern mit schwarzer Wolle aufsticken.
▶ Augen aus Filz zuschneiden und aufkleben.
▶ Evtl. Halfter aus Luftmaschenketten anfertigen.
▶ Mähne und Schweif annähen oder einknüpfen.

■ LUSTIGE EIERWÄRMER

MATERIAL
– 20 – 25 g Wolle
– Filzreste
– 2 Pappringe
– Klebstoff
– 1 Smyrna-Nadel

GRUNDMUSTER
– Feste Maschen

 4 – 5

Körper

▶ Luftmaschenanschlag: 27 Maschen + 1 Wendeluftmasche (17 cm);
▶ im Grundmuster 15 Reihen (9 cm) häkeln.
▶ Mit dem Anfangsfaden die Häkelfläche mit überwendlichen Stichen zu einem Schlauch zusammennähen.

▶ Den Endfaden mit kleinen Vorstichen durch die oberste Maschenreihe ziehen, fest anziehen und vernähen, so daß die obere Kante geschlossen ist.

Der **Kopf** jedes Eierwärmers besteht aus einem Pompon. Dafür werden zwei gleichgroße Pappringe aufeinandergelegt und in gleichmäßigen Runden mit langen doppelten Fäden so lange umwickelt, bis das Loch in der Mitte ausgefüllt ist (siehe Schnittmusterbogen).

Wenn man den Faden in eine Smyrna-Nadel einfädelt, kann man das Loch in der Mitte der Pappringe vollständig ausfüllen, und man erhält einen gleichmäßig dichten Pompon.

Soll der Pompon lockerer ausfallen, wickelt man weniger Wolle um die Pappringe.

Nun werden die Fäden aufgeschnitten:
Mit einer Hand hält man die Mitte (das ausgefüllte Loch) fest, mit der anderen führt man die Schere genau zwischen den Pappringen hindurch.

Um die Fäden zusammenzuschnüren schiebt man die Pappringe etwas auseinander und bindet den Pompon durch Verknoten eines doppelten, ca. 50 cm langen Fadens in der Mitte zwischen den Ringen sehr fest zusammen.

Nun werden die Pappringe entfernt – evtl. müssen sie an einer Stelle aufgeschnitten werden.

Mit der Hand kann der Pompon etwas in Form gebracht und evtl. mit einer Schere korrigiert bzw. in die gewünschte Form geschnitten werden.

Der Pompon wird fest an den Körper genäht, indem man den Bindefaden mehrmals abwechselnd durch die Pompon-Mitte und die Körperoberkante zieht und dann im Körper verknotet.

Augen, Schnabel etc. können aufgeklebt werden.

Pinguin

Soll der Pinguin einen weißen Bauch bekommen, verwendet man zum Häkeln drei kleine Wollknäuel.

▶ Luftmaschenanschlag:
9 Maschen schwarz (1. Knäuel)
9 Maschen weiß (2. Knäuel)
9 Maschen schwarz + 1 Wendeluftmasche (3. Knäuel)

▶ im Grundmuster entsprechend der nebenstehende Zeichnung den Körper häkeln.

▶ Für das Gesicht umwickelt man die Pappringe etwa zu einem Viertel keilförmig mit weißer Wolle, der Rest wird mit schwarzer Wolle für den Kopf umwickelt.

▶ Augen, Schnabel und Flügel werden aus Filz zugeschnitten und angeklebt (siehe Schnittmusterbogen).

▶ Die Flügel bekommen mehr Festigkeit, wenn sie aus je zwei Filzlagen bestehen, die mit Vorstichen oder überwendlichen Stichen zusammengenäht wurden.

Papagei

▶ Das „Federkleid" besteht aus bunten Filzteilen, die dachziegelartig übereinandergeklebt werden.

▶ Rücken und zwei Flügel aus weißem Filz zuschneiden;

▶ ca. 50 „Federn" aus buntem Filz zuschneiden (siehe Schnittmusterbogen);

▶ die Flügel mit den „Federn" bekleben;

▶ den Rücken aufkleben, darüber die Flügel kleben;

▶ nun den Rücken, soweit er nicht von den Flügeln verdeckt ist, ebenfalls mit den bunten „Federn" bekleben.

▶ Den Schnabel zweimal zuschneiden, mit überwendlichen Stichen zusammennähen, mit etwas Füllwatte ausstopfen und ankleben;

▶ Augen aus Filz zuschneiden und ankleben.

Esel

▶ Für den Kopf einen Pompon mit ca. 6 cm ∅ aus grauer Wolle anfertigen;

▶ einen Pompon mit ca. 3,5 cm ∅ aus grauer und etwas roter Wolle anfertigen;

▶ die beiden Pompons mit den Bindefäden fest zusammenknoten;

▶ den großen Pompon an beiden Seiten so beschneiden, daß der Esel einen langen schmalen Kopf erhält.

▶ Augen aus Filz zuschneiden und ankleben.

▶ Die beiden Ohrteile (siehe Schnittmusterbogen) ebenfalls aus rosa und grauem Filz zuschneiden, aufeinanderkleben, zusammenknicken und an den Kopf kleben.

Küken

▶ Das Küken sieht besonders niedlich aus, wenn der Kopf aus einem lockeren Pompon besteht.

▶ Augen aus Filz zuschneiden und ankleben.

▶ Das Schnabelteil viermal zuschneiden (siehe Schnittmusterbogen);

▶ je zwei Schnabelteile mit kleinen überwendlichen Stichen zusammennähen;

▶ das untere Schnabelteil leicht zusammenrollen und das obere darüberkleben;

▶ den Schnabel tief in den Pompon stecken und festkleben.

▶ Die Flügel an beiden Seiten aus dem Körper heraushäkeln (siehe nebenstehende Zeichnung).

▶ Das Fadenende so durch die Kante ziehen und im Körper vernähen, daß der Flügel eine schöne Form bekommt.

Schneemann

▶ Luftmaschenanschlag für den **Schal**: 40 Maschen + 1 Wendeluftmasche;

▶ Eine Reihe feste Maschen häkeln;

▶ in die beiden Schalenden kurze Fransen einknüpfen und diese evtl. auftrieseln.

▶ Augen und eventuell Mund aus Filz zuschneiden und ankleben;

▶ Nase aus Filz oder Glanzpapier anfertigen und ankleben.

▶ Für den Hut einen 3 cm hohen Pappring, ∅ 4 cm, sowie eine Pappscheibe, ∅ 6 cm, mit schwarzem Filz bekleben, aneinanderkleben und auf den Kopf kleben.

Häkelschema – Pinguin

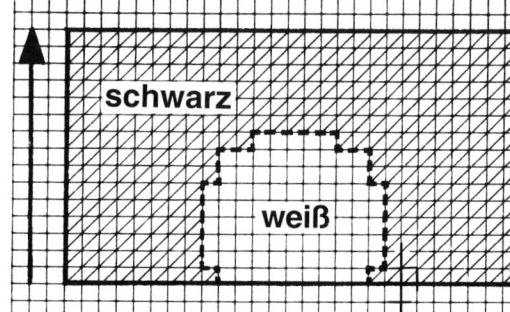

schwarz

weiß

Häkelschema Kükenflügel

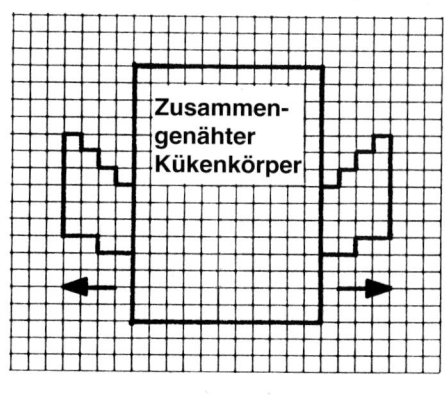

Zusammengenähter Kükenkörper

Wie wär's denn mal mit Schlingenmaschen

■ SCHAF

MATERIAL
- ca. 75 g weiße Bouclé-Wolle
- Rest dunkle Wolle
- 2 Pfeifenreiniger
- Füllwolle oder -watte

GRUNDMUSTER
- Feste Maschen
- Schlingenmaschen

 4–5

Körper
▶ Luftmaschenanschlag: 25 Maschen + 1 Wendeluftmasche;
▶ das Schaf wird in einem Stück gehäkelt (siehe Zeichnung auf der dritten Umschlagseite).
▶ Das Schaf mit überwendlichen Stichen zusammennähen, zwischendurch locker mit Füllmaterial ausstopfen, eventuell in die Beine Pfeifenreiniger stecken.
▶ Mit brauner Wolle Augen aufsticken.

Schwänzchen
▶ Luftmaschenanschlag: 14 Maschen + 1 Wendeluftmasche;
▶ eine Reihe Schlingenmaschen häkeln;
▶ Maschenreihe zusammenklappen und zusammennähen;
▶ am Tier festnähen.

Ohren
▶ Luftmaschenkette: 8 Maschen;
▶ am Kopf des Schafes seitlich so festnähen, daß sie nach unten hängen.

■ SCHÄFCHEN

MATERIAL
- 25 g naturfarbene Wolle
- 1–2 Pfeifenreiniger
- etwas Füllmaterial

GRUNDMUSTER
- Feste Maschen
- Schlingenmaschen

 4–5

▶ Luftmaschenanschlag: 20 Maschen + 1 Wendeluftmasche;
▶ das Schäfchen wird in einem Stück gehäkelt (siehe Zeichnung auf der dritten Umschlagseite).

Ohren
▶ Luftmaschenketten aus 7 Maschen häkeln.

Schwänzchen
▶ Luftmaschenkette aus 12 Maschen häkeln.

▶ Fertigstellung wie beim Schaf

■ SCHÄFERHUND

MATERIAL
- ca. 35 g dicke, dunkelbraune Wolle
- 1 Rest weiße, braune, schwarze Wolle
- 1–2 Pfeifenreiniger
- etwas Füllmaterial

GRUNDMUSTER
- Feste Maschen
- Schlingenmaschen: Lange Schlingen stehen lassen

 5–6

▶ Luftmaschenkette: 23 Maschen + 1 Wendeluftmasche;
▶ der Schäferhund wird in einem Stück gehäkelt (siehe Zeichnung auf der dritten Umschlagseite).
▶ Er wird wie das Schaf fertiggestellt, jedoch nur mit wenig Füllmaterial ausgestopft.
▶ Für das zottige Fell des Schäferhundes die Schlingen aufschneiden.
▶ Augen und Nase aufsticken.
▶ Schnauze durch Querstiche abnähen (schmal zusammenziehen).

Schwanz
▶ Luftmaschenkette: 20 Maschen und 1 Wendeluftmasche;
▶ eine Reihe Schlingenmaschen häkeln;
▶ Maschenkette zusammenklappen und zusammennähen;
▶ die Schlingen aufschneiden;
▶ den Schwanz annähen.

Ohren
▶ Luftmaschenkette: 10 Maschen;
▶ als Schlaufe festnähen.

▶ Augen und Nase aufsticken.
▶ Schnauze durch Querstiche abnähen (schmal zusammenziehen).

■ SCHÄFER

MATERIAL
- 50 g grüne Wolle
- je 25 g braune und rostbraune Wolle
- je 1 Rest hautfarbene, graue, weiße, dunkelbraune Wolle
- zwei Pfeifenreiniger
- Füllmaterial

GRUNDMUSTER
- Feste Maschen
- Schlingenmaschen

 4–5

Körper
- ▶ Man beginnt mit der **Hose** bei den Füßen (siehe auch Zeichnung auf der dritten Umschlagseite);
- ▶ Luftmaschenanschlag in Braun: 24 Maschen zum Ring schließen (⌀ = 8 cm); 16 Runden feste Maschen häkeln (9 cm);
  Nun folgt der **Oberkörper**. Mit rostbrauner Wolle 10 Runden feste Maschen häkeln;
- ▶ in den nächsten 4 Runden für die Schultern rechts und links jeweils 2 Maschen abnehmen (= 16 Maschen);
- ▶ 1 Runde feste Maschen häkeln.
- ▶ Für das Gesicht in Hautfarbe 4 Runden feste Maschen häkeln.
- ▶ Als Abschluß häkelt man für den **Hut** 2 Runden feste Maschen in Hellgrau;
- ▶ eine Runde im Wechsel 2 Maschen zusammenhäkeln, 6 feste Maschen häkeln (= 14 Maschen);
- ▶ 4 Runden im Wechsel 2 Maschen zusammenhäkeln, 3 feste Maschen häkeln;
- ▶ sind nur noch 6 Maschen übrig, immer 2 Maschen zusammenhäkeln;
- ▶ den Wollfaden abschneiden und mit einer Nähnadel durch die letzten 3 Maschen ziehen, den Faden nach innen vernähen.

- ▶ Die **Hutkrempe** wird an die erste hellgraue Runde angehäkelt, dabei wird in jede 4. Masche 2× eingestochen (= 20 M.);
- ▶ eine Runde feste Maschen häkeln, dabei seitlich je 1 Masche verdoppeln (= 22 M.);
- ▶ eine Runde häkeln, dabei seitlich je 2 Maschen verdoppeln (= 26 M.).

- ▶ Den Körper mit Füllmaterial ausstopfen.
- ▶ Die Augen aufsticken.
- ▶ **Haare und Bart** mit Schlingenmaschen an den Kopf des Schäfers häkeln, dabei am Hinterkopf beginnen.

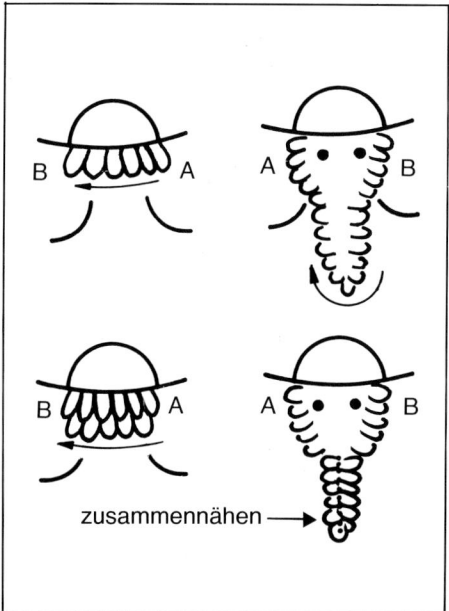

zusammennähen →

- ▶ Die **Beine** in der Mitte mit kleinen Vorstichen abnähen.
  Pfeifenreiniger und Füllmaterial in die Beine stecken.

  Schuhe an die Beine anhäkeln.

- ▶ Mit dunkler Wolle 16 feste Maschen seitlich und hinten an die unteren Beinkanten häkeln,

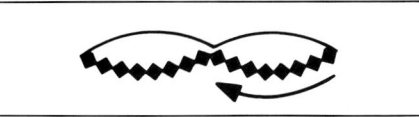

- ▶ daran 30 Luftmaschen häkeln und zum Ring schließen.

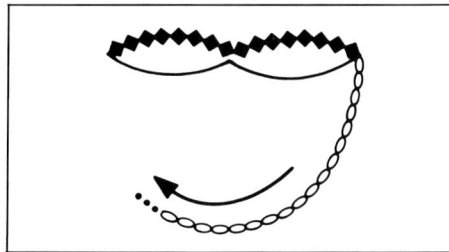

- ▶ 4 Runden feste Maschen häkeln.
- ▶ Die Schuhe in der Mitte abnähen.

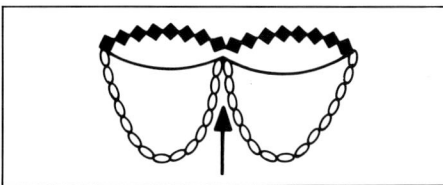

- ▶ Die Sohlen zusammennähen.

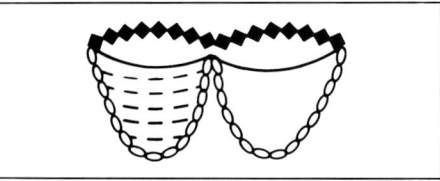

- ▶ Schuhe mit Füllmaterial ausstopfen.
- ▶ Die Schuhe oben und an den Innenseiten zusammennähen.
- ▶ Die Beinnaht hinten an den Schuhen fortführen.

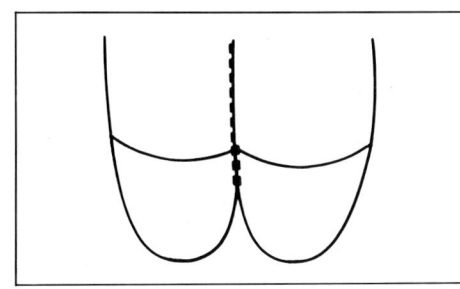

- Luftmaschenanschlag für den **Mantel**: 70 Maschen + 1 Wendeluftmasche in Grün;
- 24 Reihen feste Maschen häkeln;
- in den nächsten 2 Reihen immer 2 Maschen zusammenhäkeln (35 Maschen/ 17 Maschen);
- 3 Reihen feste Maschen häkeln;
- 2 Wollfäden zum Binden festnähen.

Siehe auch die erklärenden Zeichnungen auf der dritten Umschlagseite.

- Luftmaschenanschlag für den **Stab**: 45 Maschen + 1 Wendeluftmasche;
- 3–4 Reihen feste Maschen häkeln, um ein dünnes Ästchen oder Rundholz legen und mit überwendlichen Stichen zusammennähen;
- den Stab am Körper des Schäfers festnähen.

■ HANDPUPPE – LÖWE

MATERIAL
– 100 g ockergelbe Wolle
– 50 g braune Wolle
– 25 g dunkelrote Wolle
– 2 Naturholzperlen
– Nähnadel

GRUNDMUSTER
– Feste Maschen

 6

Ober- und Unterteil
- Luftmaschenanschlag für jedes Teil: 18 Maschen + 1 Wendeluftmasche;
- im Grundmuster mit Ockergelb bis zu einer Gesamthöhe von 15 cm (ca. 25 Reihen) häkeln;
- 14 Reihen in Schlingentechnik (Hinreihe feste Maschen, Rückreihe Schlingen) mit brauner Wolle häkeln (siehe Seite 9);
- den Kopf entsprechend der Zeichnung auf der zweiten Umschlagseite weiterhäkeln.

Maul
- Luftmaschenanschlag: 18 Maschen + 1 Wendeluftmasche;
- mit roter Wolle, entsprechend der Kopf-Zeichnung, den Oberkiefer häkeln;
- wenden;
- den Unterkiefer an den Luftmaschenanschlag des Oberkiefers häkeln.

Körper
- Ober- und Unterteil von außen mit ockergelber Wolle an den Seiten bis zur Mähne mit festen Maschen zusammenhäkeln; dann mit brauner Wolle weiterhäkeln;
- den Oberkiefer mit dem Kopf-Oberteil zusammenhäkeln;
- den Unterkiefer mit dem Kopf-Unterteil zusammenhäkeln.

Ohren
- Luftmaschenanschlag: 4 Maschen + 1 Wendeluftmasche;
- drei Reihen feste Maschen;
- in der vierten Reihe rechts und links je eine Masche abnehmen.
- Beim Aufnähen die Unterkante zusammenziehen.

Schnauze
- Mit brauner Wolle aufsticken.

Barthaare
- Braune Wollfäden quer durch das Kopf-Oberteil ziehen. Jedes Ende ca. 4 cm herausstehen lassen und in 3–4 Einzelfäden auftriefen. Damit die Barthaare besser „stehen", mit etwas Klebestift bestreichen.

Augen
- Siehe Nilpferd.

Schwanz
- Luftmaschenanschlag: 7 Maschen, zum Ring schließen;
- einen ca. 8 cm langen Schlauch häkeln;
- aus ockergelber Wolle eine Quaste oder einen Pompon herstellen und an das Schwanzende annähen;
- den Schwanz am Körper befestigen.

Tierisches aus Stäbchen

■ KÄTZCHEN – ZAPPELTIER

MATERIAL
- 40–60 g meliertes, faseriges Effektgarn
- 2 flache runde und 2 längliche Perlen (Augen)
- Füllwatte
- schwarzer Zwirn (Schnurrhaare, Aufhängung)
- Filz- oder Stickgarnreste (Nase, Schwänzchen)

GRUNDMUSTER
- Halbe Stäbchen
- Stäbchen

 4–5

Kopf
▶ Luftmaschenanschlag: 4 Maschen, zum Ring schließen;
▶ 1. Runde: 4 halbe Stäbchen;
▶ 2.–4. Runde: Je 2 Maschen zunehmen;
▶ 5. Runde: 10 halbe Stäbchen;
▶ 6.–8. Runde: Je 2 Maschen abnehmen.

Körper
▶ Luftmaschenanschlag: 4 Maschen, zum Ring schließen;
▶ 1. Runde: 6 Stäbchen;
▶ 2. Runde: 4 Stäbchen zunehmen auf insgesamt 10 Maschen;
▶ 3. Runde: 12 Stäbchen zunehmen (insgesamt 22 Maschen);
▶ 4. Runde: 22 Stäbchen;
▶ 5. Runde: 12 Stäbchen abnehmen auf 10 Maschen;

▶ 6. Runde: 4 Stäbchen abnehmen auf 6 Maschen.

Beine
▶ Luftmaschenanschlag: 10 Maschen, zum Ring schließen;
▶ 4 Runden à 10 Stäbchen häkeln;
▶ Insgesamt 4 Beine anfertigen.

Schwanz
▶ Luftmaschenanschlag: 19 Maschen + 2 Wendeluftmaschen;
▶ 1.–4. Reihe: Stäbchen;
▶ 5. Reihe: Halbe Stäbchen.

Ohren
▶ Luftmaschenanschlag: 5 Maschen + 2 Wendeluftmaschen;
▶ 5 halbe Stäbchen;
▶ 2 Stäbchen abnehmen (= 3 Stäbchen);
▶ 2 Stäbchen abnehmen (= 1 Stäbchen).

▶ Körper, Kopf und Beine mit Füllwatte ausstopfen, die Öffnungen zunähen;
▶ Schwanz mit überwendlichen Stichen zusammennähen – dabei den Faden so anziehen, daß sich der Schwanz krümmt;
▶ Schwanz mit Füllwatte ausstopfen, die Öffnung zunähen;
▶ Ohren der Länge nach knicken und halbkreisförmig an den Kopf nähen;
▶ Beine, Kopf und Schwanz mit ein paar ca. 1 cm langen Stichen locker an den Körper nähen – so kann das Kätzchen beim Spielen lustig mit allen Körperteilen zappeln;
▶ einen langen Spielfaden an Kopf und Schwanz befestigen.

▶ Augen anfertigen und aufkleben;
▶ Nase und Schnauze aufsticken oder aus Filz ausschneiden und aufkleben;
▶ Schnurrhaare aus Zwirn einziehen.

■ HANDPUPPE – ESEL

(Abbildung Seite 41)

MATERIAL
- 50 g graue Wolle
- 15 g rosa Wolle
- 15 g dunkelgraue Wolle (Mähne)
- Wollreste in Hellbraun, Hellgrau, Dunkelbraun und Weiß

GRUNDMUSTER
- 1 Reihe feste Maschen
- 1 Reihe Stäbchen im Wechsel

 4–5

Ober- und Unterteil
Luftmaschenanschlag für jedes Teil: 18 Maschen + 1 Wendeluftmasche in Grau;
▶ 8–10 mal das Grundmuster häkeln. Die entstandene Gesamtlänge von ca. 20 cm entspricht dem Hals;
▶ den Kopf entsprechend der Zeichnung auf Seite 40 in Grau, Hellbraun und Hellgrau weiterhäkeln.

Maul
▶ Luftmaschenanschlag in Rosa: 14 Maschen + 1 Wendeluftmasche;
▶ das Grundmuster 10 mal häkeln (Gesamthöhe: 14 cm).
▶ Ober- und Unterteil von außen an Hals und Kopf bis zum Maul zusammenhäkeln.

► Das Maulteil in den Kopf legen und mit dem Kopfoberteil sowie mit dem Kopfunterteil zusammenhäkeln.

Ohren

Die Ohren aus festen Maschen entsprechend der nebenstehenden Zeichnung häkeln. Dabei ist zu beachten, daß sie gegengleich gehäkelt werden müssen, d. h. beim linken Ohr muß mit Hellbraun, beim rechten mit Grau begonnen werden, damit ein Paar entsteht.

► Jedes Ohr zusammenklappen und in Weiß zusammenhäkeln;
► jedes Ohr unten mit Nähgarn zusammenziehen und auf dem Kopf festnähen;
► oben am Ohr ein „Eselsohr" abknicken.

Augen

► Luftmaschenketten häkeln:
   In Dunkelbraun   14 Luftmaschen (2×)
   in Dunkelgrau   10 Luftmaschen (2×)
   In Weiß   8 Luftmaschen (2×)
► Die dunkelbraune Luftmaschenkette spiralförmig zu einem Kreis legen und festnähen.
► Die weiße Luftmaschenkette als unteres Augenlid festnähen.
► Die dunkelgraue Luftmaschenkette als oberes Augenlid festnähen.

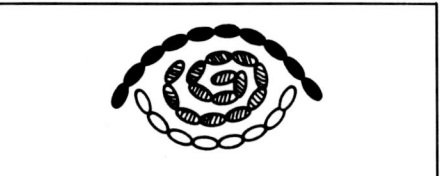

Nüstern

► In Dunkelbraun 2× 12 Luftmaschen häkeln.
► Jede Luftmaschenkette oval aufrollen und festnähen.

Mähne

► Ca. 6 cm lange Fransen einknüpfen.

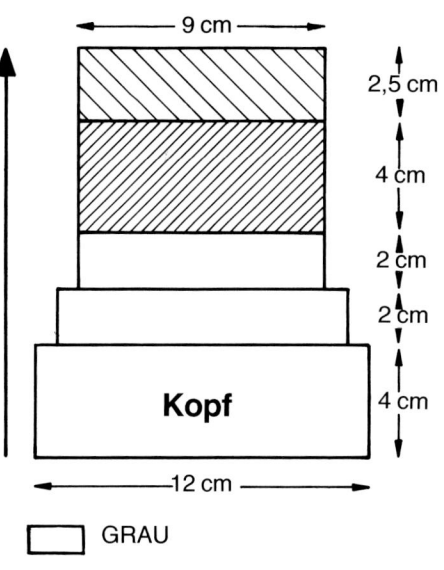

Kopf

9 cm
2,5 cm
4 cm
2 cm
2 cm
4 cm
12 cm

☐ GRAU
▨ HELLBRAUN
▨ DUNKELGRAU

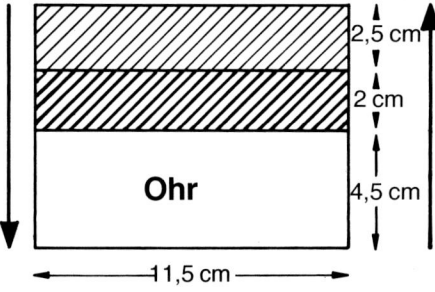

Ohr

2,5 cm
2 cm
4,5 cm
11,5 cm

■ SCHWEINCHEN – BLEISTIFTMÄPPCHEN

(Abbildung Seite 23)

MATERIAL
– ca. 30 g rosafarbene Wolle oder Baumwolle
– Stickgarn für das Gesicht
– 1 Reißverschluß, 16 cm lang
– rosafarbenes Nähgarn
– Nähnadel, Sticknadel

GRUNDMUSTER
– Stäbchen
– feste Maschen

 2½–3½

► Luftmaschenanschlag für den Körper: 40 Maschen + 1 Wendeluftmasche;
► 2 Reihen feste Maschen (1 cm);
► 18 Reihen Stäbchen (12 cm);
► 2 Reihen feste Maschen (1 cm);
► Die erhaltene Höhe von 14 cm ergibt den Bauchumfang. An die Anfangs- und Endreihe (Breite ca. 16 cm) den Reißverschluß mit Nähgarn so einnähen, daß der Schieber oben liegt;
► aus dem so entstandenen Schlauch Kopf- und Hinterteil häkeln:
► Aus den Wendemaschen der einen Seite 24 Maschen heraushäkeln;
► 1. Runde: In jede Masche eine feste Masche häkeln;
► jede weitere Runde: In jede zweite Masche eine feste Masche häkeln – so lange, bis das Teil geschlossen ist;
► mit dem Fadenende für das Schwänzchen eine Luftmaschenkette (ca. 15 cm lang) häkeln und zwirbeln, damit es sich kringelt.
► Für das Kopfteil aus den Wendemaschen der anderen Seite 24 Maschen heraushäkeln;
► 1. Runde: In jede Masche eine feste Masche häkeln;
► 2. Runde: In jede 2. Masche eine feste Masche häkeln;
► 3.–6. Runde: In jede Masche eine feste Masche häkeln;
► 7.–8. Runde: In jede 2. Masche eine feste Masche häkeln.
► Ohren an das Körperteil wie folgt häkeln:
   Für jedes Ohr vier Maschen heraushäkeln;
   1. Reihe: 4 Maschen häkeln;
   2. Reihe: 3 Maschen häkeln;
   3. Reihe: 2 Maschen häkeln;
   4. Reihe: 1 Masche häkeln;
► Augen und Nasenlöcher aufsticken.

Dekorative Blumenvielfalt

■ BLUMEN

MATERIAL
- 100 g Baumwollgarn in Grün
- Garnreste in Rosa, Hellblau, Blau, Violett, Hellgrün
- 1 Nähnadel
- fester Blumendraht

GRUNDMUSTER
Stiel: Luftmaschen
Kelche, Blätter: Feste Maschen
Blüten: Feste Maschen, halbe Stäbchen, Doppelstäbchen

 2 – 3

Blütenkelch, Stiel und Blätter werden bei allen Blumen gleich gehäkelt:

▶ Luftmaschenanschlag für den Blütenkelch: 16 Maschen;
▶ Luftmaschenkette zum Ring schließen;
▶ 1. + 2. Runde: Feste Maschen;
▶ 3.–5. Runde: Jede 2. Masche überspringen;
▶ die letzten beiden Maschen zusammenhäkeln und 60 Luftmaschen anhäkeln (= Stiel).

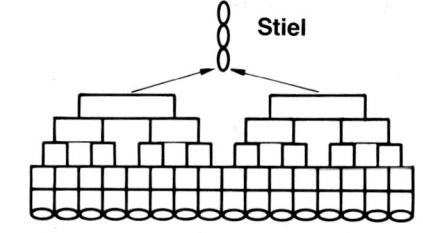
Stiel

Blätter klein (mittel; groß)
▶ Anfangsmasche 60 cm (90 cm; 120 cm), nach dem Garnanfang anfertigen;
▶ Luftmaschenanschlag: 6 + 1 (8 + 1; 10 + 1) Maschen;
▶ 3 feste Maschen in die 1. Masche nach der Wendemasche, 3 feste Maschen (4; 5), 2 Kettmaschen (3; 4) häkeln;
▶ mit dem 60 (90; 120) cm langen Faden weiterhäkeln: 2 Kettmaschen (3; 4), in alle Luftmaschen und festen Maschen je 1 feste Masche, in die Kettmaschen je 1 Kettmasche häkeln;
▶ die Fadenenden vernähen.

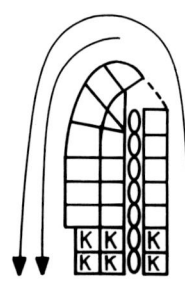

Alle Blüten werden aus dem Luftmaschenanschlag des Blütenkelchs herausgehäkelt.

Lila Blüte
▶ 1. Runde: 16 feste Maschen;
▶ 2. Runde: 16 Stäbchen;
▶ 3. Runde: In jedes 2. Stäbchen 1 feste Masche, 3 Luftmaschen (beim 1. Stäbchen beginnen).

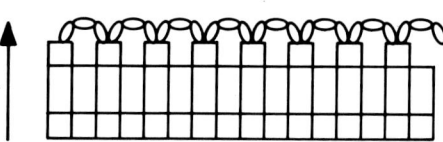

Blaugestreifte Blüte
▶ 1.–4. Runde: Je 16 feste Maschen in verschiedenen Blautönen;
▶ 5. Runde: In jede 2. Masche 1 feste Masche, 1 Stäbchen, 1 feste Masche (bei der 1. Masche beginnen).

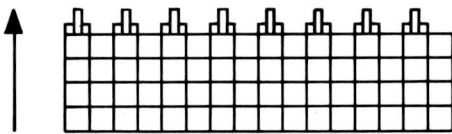

Große rosafarbene Blüte
▶ 1. Runde: 16 Stäbchen;
▶ 2. Runde: Halbe Stäbchen, dabei jedes dritte verdoppeln (= 21 Maschen);
▶ 3. Runde: 2 Stäbchen, 2 feste Maschen im Wechsel.

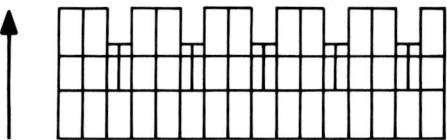

1 Kästchen (gleich welcher Größe) entspricht 1 Masche

Kleine rosafarbene Blüte

▶ 1.–3. Runde: Je 16 feste Maschen;
▶ 4. Runde: 16 feste Maschen in der ent-
gegengesetzten Häkelrichtung (= Krebsstich), also von links nach rechts häkeln.

Lilafarbene Blüte

▶ 1. Runde: 2 feste Maschen, 1 halbes Stäbchen, 1 Stäbchen, 1 halbes Stäbchen, 2 feste Maschen, 1 Masche aus-lassen – 2×;
▶ 2. Runde: 2 feste Maschen, 1 halbes Stäbchen, 2 Stäbchen in das Stäbchen der Vorreihe, 1 halbes Stäbchen, 2 fe-ste Maschen, 1 Masche auslassen – 2×;

▶ 3. Runde: 3 feste Maschen, 2 Stäb-chen, 3 feste Maschen, 1 Masche aus-lassen – 2×.

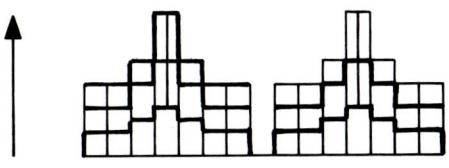

Dunkelblaue Blüte mit Kelchrand

▶ 1. Runde: 16 feste Maschen in die 2. Runde der Kelchinnenseite;
▶ 2. Runde: Halbe Stäbchen, dabei jedes vierte verdoppeln (= 20 Maschen);
▶ 3. Runde: Mausezähnchen (siehe Seite 11).

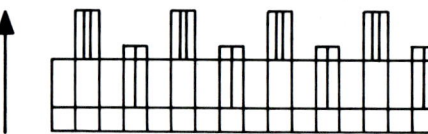

Grüne Blüte

▶ 1. Runde: 1 halbes Stäbchen, 1 Stäbchen, 2 Doppelstäbchen in 1 Masche, 1 Stäbchen, 1 halbes Stäbchen – 3 mal wiederholen;
▶ 2. Runde: In jede Masche 1 feste Masche.

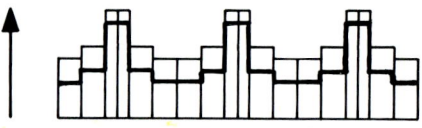

Blüte mit einzelnen Blütenblättern

Jedes Blütenblatt:
▶ 1. Reihe: 5 feste Maschen;
▶ 2. Reihe: 7 feste Maschen;
▶ 3. Reihe: 7 feste Maschen;
▶ 4. Reihe: 5 feste Maschen;
▶ 5. Reihe: 3 feste Maschen;
▶ 6. Reihe: 1 feste Masche.

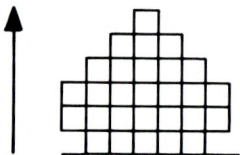

FERTIGSTELLUNG für alle Blüten

▶ Bei den Blüten die Häkelrunden mit den Fadenenden sorgfältig schließen;
▶ alle Fadenenden vernähen.
▶ Die Blätter an die Blumen nähen.
▶ Den gehäkelten Stiel auf den Blumendraht auffädeln.
▶ Die Blumen eventuell in Styropor oder Blumensteckschwamm stecken.

Hellblaue Blüte

▶ 1. Runde: 16 feste Maschen;
▶ 2. Runde: Stäbchen, dabei jedes vierte verdoppeln (= 20 Maschen);
▶ 3. Runde: 1 Stäbchen auslassen, 3 Stäbchen in das nächste Stäbchen, 1 Stäbchen auslassen, 2 feste Maschen – 4 ×.

Kleine Kostbarkeiten aus Perlen

■ EINFACHE PERLENKETTEN

(Abbildung Seite 45)
MATERIAL für verschiedene Ketten
- Baumwollgarn (versch. Stärken)
- „Astrella"
- Polyestergarn
- Häkel-Kunstseide
- Perlen
- Nähnadel
- Klebstoff

GRUNDMUSTER
- Luftmaschen

Baumwollgarn	2½–3
Astrella	1½
Kunstseide	2
Polyestergarn	1½

▶ Vorarbeiten siehe Seite 9.
▶ Luftmaschen und Perlen-Luftmaschen in beliebiger Reihenfolge bis zur gewünschten Kettenlänge häkeln.
▶ Garn abschneiden, Fadenenden zusammenknoten und vernähen.

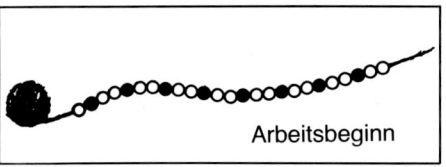

Arbeitsbeginn

■ PERLENARMBAND MIT MUSTER

MATERIAL
- 15 m Polyestergarn (entspricht 1½ Röllchen)
- 33 blaue, 42 grüne Perlen
- Nähnadel
- Klebstoff
- Papier
- Farbstifte (den Perlenfarben entsprechend)

GRUNDMUSTER
- Feste Maschen

 1½–2

Gewünschtes Muster aufzeichnen, z. B.:

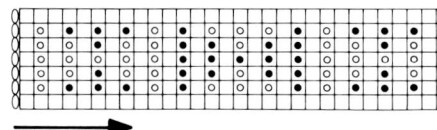

▶ Garnanfang, wenn nötig, mit Klebstoff festigen.
▶ Perlen in der geplanten Reihenfolge auffädeln; dabei beachten, daß die zuletzt aufgefädelten Perlen den Musteranfang ergeben.

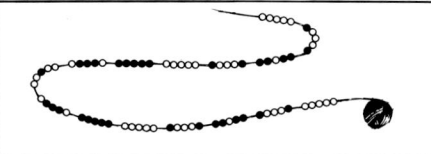

▶ Luftmaschenanschlag: 7 Maschen + 1 Wendeluftmasche;
▶ ca. 15 Reihen im Grundmuster (ohne Perlen) häkeln;
▶ Perlenreihen nach Muster einhäkeln;
▶ ca. 15 Reihen im Grundmuster häkeln (abhängig von der Weite des Armbands).
▶ Armband zusammennähen.

■ EINFACHES PERLENARMBAND

MATERIAL
- Häkel-Kunstseide (100% Viskose) in Rosa bzw. Grün
- 29× je 4 in Farbe und Form gleiche Perlen (= 116)
- Nähnadel
- Klebstoff

GRUNDMUSTER
- Feste Maschen

 1½–2

▶ Vorarbeiten siehe Seite 9.
▶ Luftmaschenanschlag: 6 Maschen und 1 Wendeluftmasche;
▶ jede Hinreihe: 6 feste Maschen häkeln;
▶ jede Rückreihe: 1 feste Masche, 4 Perlenmaschen, 1 feste Masche.
▶ Ist die gewünschte Länge erreicht, Armband zusammennähen.

■ WINDSPIEL

MATERIAL
- Perlgarn Nr. 3 in verschiedenen Blau- oder Grüntönen
- Kugelperlen
- Perlen in unterschiedlichen Formen und Nuancen
- evtl. Pailletten
- Klebstoff (Ponal), evtl. Sekundenkleber
- ca. 40 cm Draht oder ein Drahtring, der sich öffnen läßt

GRUNDMUSTER
- Luftmaschen

 2½–3

▶ Ein Windspiel besteht aus 30–40 Luft-maschenketten in unterschiedlicher Länge (ca. 50–80 Maschen).
Ein besonderer Effekt entsteht, wenn man Pailletten (wie Perlen) mit einhä-kelt (siehe Seite 9).

FERTIGSTELLUNG
▶ Abwechselnd eine Kugelperle und eine Luftmaschenkette auf den Draht fädeln;
▶ die oberen Fadenenden in ca. 1 cm Länge gleichmäßig abschneiden;
▶ Draht zum Ring biegen und die Draht-enden ineinander verhaken;
▶ auf das untere Fadenende jeder Luft-maschenkette eine Perle fädeln und die Luftmaschenkette direkt unterhalb der Perle verknoten;
▶ den Knoten mit Klebstoff bestreichen und die Perle über den Knoten ziehen;
▶ überstehenden Faden abschneiden;
▶ zwei ca. 30 cm lange Luftmaschenket-ten über Kreuz als Aufhängung an den Ring knoten.